亀谷競馬サロン 1

永久 馬券格言

亀谷敬正の格言が特別な理由

――本書は「永久馬券格言」と題しまして、亀谷さんが今までに残してきた馬券格言を振り返りながら、この先もずっと使えるものだけを厳選して紹介していきたいと思います。

亀谷　よろしくお願いいします。

――レクチャー形式にしたいので、ゲストに〝格言大好きおじさん〟藤代三郎さんをお招きしました。

藤代　よろしく。

――藤代さんは、書籍『馬券データ竜宮城』（KKベストセラーズ刊）と、雑誌「競馬王」の連載「馬券特効薬」で10年以上、亀谷さんに馬券のコーチをしてもらっていますが、亀谷さんの馬券格言が大好きですよね。

藤代　亀ちゃんの言葉は記憶に残るんだよ。前にも言ったと思うけど、亀ちゃんは総論を書くんだよ。他の人は各論を書くわけ。各論って読んだときはすごく感心して「よし、すぐ実践しよう！」って盛り上がるんだけど、いつの間にか忘れちゃうんだよ。やっぱり人の記憶に残すには、印象深いフレーズとか見せ方が大事なんだよね。

亀谷　ありがとうございます。今回は、テーマが「永久馬券格言」なので、総論を中心に選んでいこうと思います。

藤代　亀ちゃんの競馬キャリアのベスト盤みたいになりそうだね。

亀谷　旬な馬券術については、今後の「亀谷競馬サロン」シリーズでやっていけばいいですからね。

藤代　競馬初心者のうちにこの本を手にした人はラッキーだと思うよ。僕が40年以上迷い続けたことをたった一冊で解決できるんだから。

亀谷　いや、この本を読んでも迷い続けるとは思いますが（笑）、「亀谷の格言を聞くと明日からの競馬が楽しみになる」というお言葉は20年以上頂戴し続けていますので、明日からの競馬の見方が少し変わるヒントにはなるかもしれません。

藤代三郎

競馬場の指定席をこよなく愛す“さすらいのギャンブラー”。予想スタイルは返し馬派だが、亀谷敬正と出会い、血統予想に目覚める。『週刊Gallop』のコラム「馬券の真実」は創刊号から27年続く長期連載となっており、毎年「外れ馬券シリーズ」として書籍化されている。著書に『戒厳令下のチンチロリン』（角川文庫）、『外れ馬券にさよならを』（ミデアム出版刊）、『活字競馬』（北上次郎名義／白夜書房刊）などがある。

目次

目次

亀谷理論の実践には
スマート出馬表がオススメです

https://www.smartrc.jp/v3/

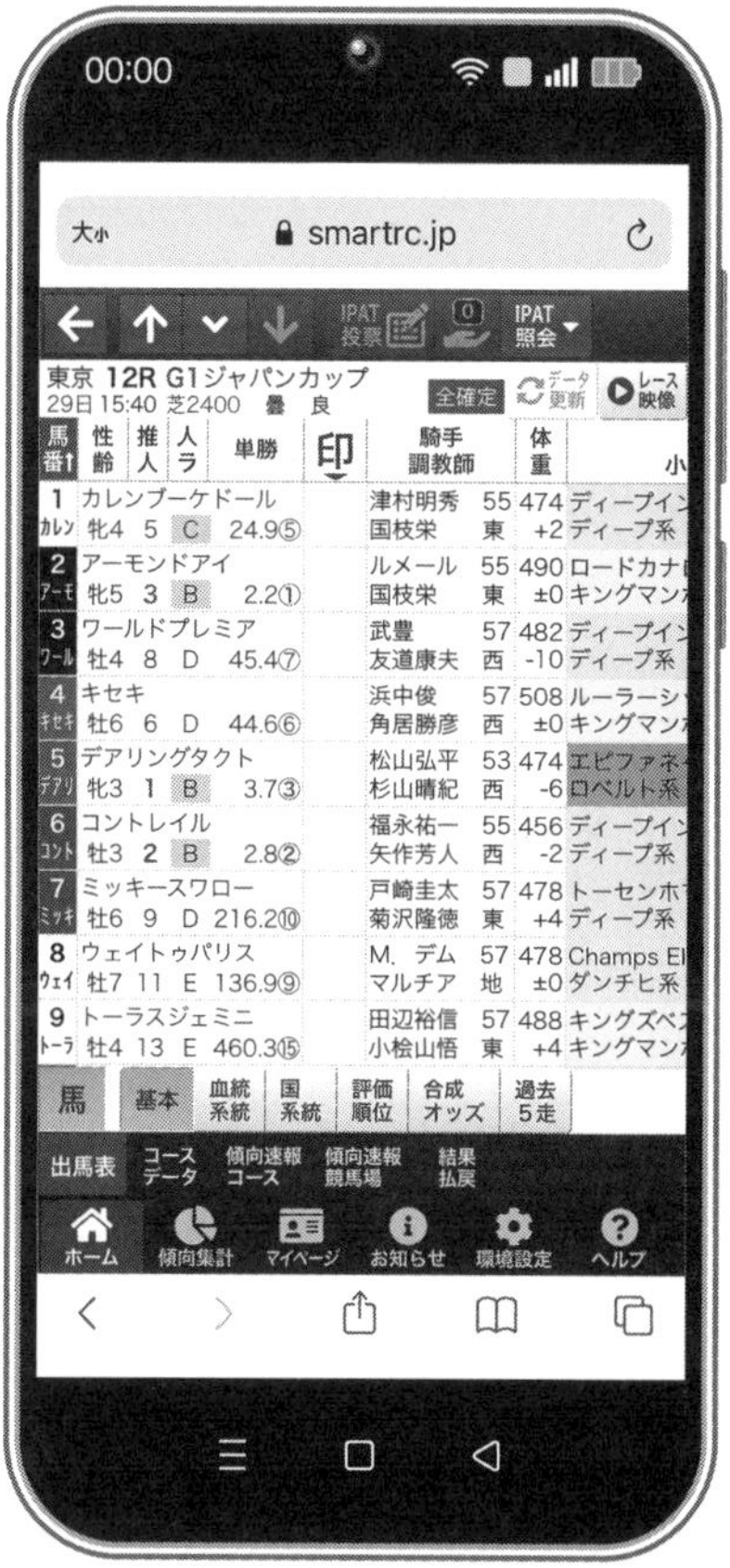

主な機能

- 推定人気
- 人気ランク
- 系統カラーリング
- 国別カラーリング
- 異種経験／異種実績
- ローテーション
- テン1ハロン
- テン評価（タイム&パターン）
- 上がり評価（タイム&パターン）
- コースランキング（CR）
- ダートシェア
- 1400m以下シェア
- 双馬メモ
- TB（トラックバイアス）
- レース評価
- 合成オッズ

亀谷血競馬サロン

永久

馬券格言

第1章

永久馬券格言

1

能力の方向性は一定ではない

一定方向の能力しか要求されなかったらそのゲームは終わる

藤代　亀ちゃんの理論の中で、一番核になるのはこれだと思う。

亀谷　そうですね。

藤代　これに気づいたのはいつ頃なの？

亀谷　1990年頃なので、30年くらい前です。

藤代　30年前って亀ちゃんは小学生か中学生だよね？ すごい子供じゃん（笑）。

亀谷　ずっと続くゲームって絶対に能力の方向性が一定じゃなくて、じゃんけんみたいなゲーム性があるんです。競馬だけじゃなく、なんでも相反する部分があるからゲームが成り立つのであって、一定方向の能力しか要求されなかったらそのゲームは終わっちゃいますよね。競馬も同じだろうなと昔から思っていました。

藤代　「能力の方向性は一定ではない」というのは、近代予想の根本だと思うんだよ。僕が競馬を始めたのは40年以上前なんだけど、その頃にそういう考え方はなかった。例えば血統に関する本を見ても「○○は長距離に向いている」「□□は短距離に向いている」って書いてあるぐらいなんだよ。

亀谷　そうだったんですね。

藤代　今読んでみると驚くよ。でも、ほとんどの人が血統を知らなかった時代だから、当時はそれですら「えー！ そうなんだ⁉」と思った。つまり、昔の考え方では「能力の方向性は一定」だったんだよ。距離適性という違いがあるだけで。ところが「どうもそうじゃないぞ」「長距離血統と言われている馬が短距離で来るぞ」とみんなが気付き始めるわけ。そうなると、その現象を説明するための分析や検討が必要になってくる。そんな中で出てきたのが亀ちゃんの「血統ビーム」だったんだよ。

亀谷　「血統ビーム」の原型だった「血統ロボ」を雑誌で発表したのが1998年でした。そのとき競馬メディアで有名だった10人ぐらいに血統ロボについてどう思うか意見をもらいに行ったんですけど、皆さん「何を言っているのかわからない」と言ってました（笑）。

藤代　そこに僕も入ってたんだよね？　全然覚えてないんだけどさ（笑）。で、対談したことなんて忘れて、後になって「血統ビームって面白いなぁ」って思った（笑）。能力をレーダーチャートにしたというのは画期的だったよね。当時の縦軸と横軸はなんだったっけ？

亀谷　縦軸をスピード⟷スタミナ、横軸を持続力⟷瞬発力にしていました。

藤代　スピードとスタミナはなんとなくわかるけど、レーダーチャートにすることによって、持続力と瞬発力という2つのベクトルがあることがわかったんだよ。本当に発明だった。よく信長以前・信長以後とか言うけど、近代競馬予想のターニングポイントはこれなんじゃないかな。

亀谷　どう考えても競走馬の強さというのは一定ではなく、コースや馬場によって変わるんです。もちろんディープインパクトのような圧倒的な怪物もいますけど、ほとんどの馬はコースや馬場によって勝ったり負けたりしています。

藤代　昔の人は「強い馬はどこでも強い」と思っていたからね。

亀谷　「圧倒的に強いステイヤーは芝の中距離もこなす」というのが昔の競馬の考え方でしたよね。

藤代　メジロマックイーンも天皇賞秋で強かったしね。降着になったけど。

血統ビームのレーダーチャート

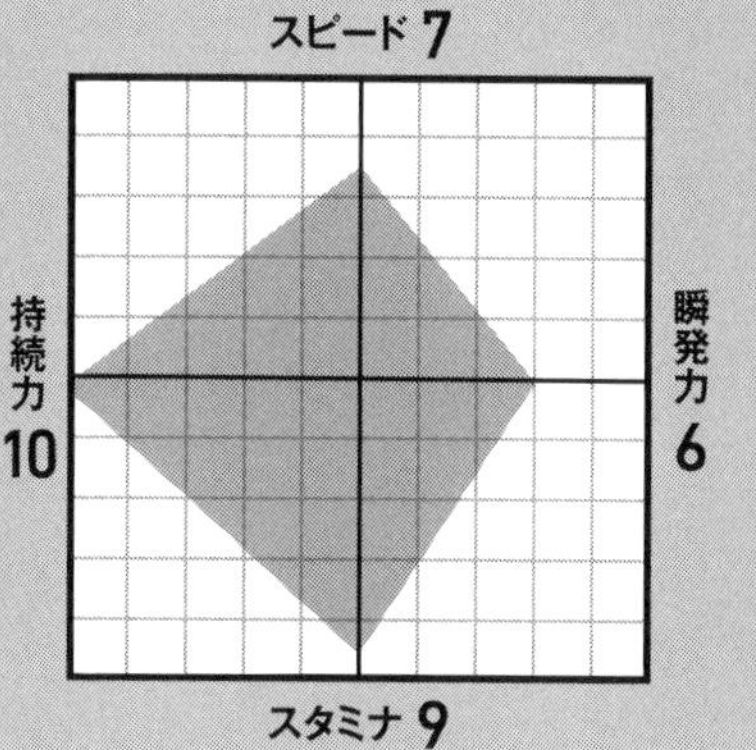

「血統ビーム」が発表された当時、瞬発力型・持続力型という考え方はほとんど知られていなかった。

亀谷　三冠馬もステイヤーが多いんですよ。ナリタブライアンやオルフェーヴルというのは強いステイヤーですよね。だから、コントレイルというのは新しいタイプの三冠馬じゃないでしょうか。強い高速中距離馬ですから。今までは強いステイヤーが3歳春でも圧倒的体力差で勝って、一番楽に勝てたのが菊花賞だったというパターンでしたよね。コントレイルは逆で、一番楽だったのがダービーで、菊花賞はかなり苦しくなりました。

藤代　確かに。コントレイルにとって菊花賞は「能力の方向性」が違うレースだったんだね。

前走で恵まれなかった馬を狙うのが基本

藤代　簡単に言うと「能力の方向性が一定ではない」というのは、前走2着の馬が、今回1着か2着とは限らないということだよね？

亀谷　簡単に言えばその通りです。

藤代　昔の僕は、前走2着の馬が今度は1着か2着になるんじゃないかと思ってたわけ。そうならないのは不可抗力のせいであって、能力の方向性だなんて考えもしなかった。そこに気付けたのは大きいよね。前走2着でも3着でも安易に信用することはなくなったから。

亀谷　その差は大きいと思います。

藤代　でもさ、能力の方向性が一定じゃないとわかったのはいいんだけど、新たな問題が出てきた。どの馬が今回の条件に向くのか、それがわからないの（笑）。

亀谷　今回向くかどうかを読むのが難しいのであれば、前走で恵まれたか恵まれなかったかを見ればいいんですよ。例えば、その馬と同じ血統の馬が上位を独占していたら、それは恵まれていたとわかります。それなら今回は着順を下げるだろうと考えるわけです。逆に前走の着順が悪くても、違う血統の馬が上位を占めていたなら恵まれなかったとわかるので、今回は巻き返す可能性がある。それが基本です。

藤代　恵まれたかどうかはどうやって判断するの？　人気よりも着順が上回ったときには恵まれたって言える？

亀谷　目安にはなりますね。人気より走った馬が複数上位を占めた場合、何らかの恵まれた要素があることは多いです。

藤代　そうか、1頭だけじゃなく複数頭いるほうが可能性が高いんだね。

亀谷　恵まれたかどうかを人気と着順で見る方法の他に、その馬と真逆の要素を持つ人気馬がどうだったかを見る方法もあります。

例えば、スピード血統とスタミナ血統、内枠と外枠、先行馬と追込馬って全部逆の関係ですよね。内枠の人気馬が揃って負けたら、それは内枠不利なんですよ。ということは外枠が恵まれる。

藤代　なるほどね。

亀谷　菊花賞の週の京都芝では、人気になっていたスピード血統の先行馬が全部馬群に沈んで、逆に追い込みの欧州血統が上位に来ていました。

菊花賞当日の京都で最初の芝レースだった2Rでは、追い込み馬が1～5着までを独占していました。勝ったスーパーホープは父がディープ系ながらタフな馬場の適性が高いキズナ。母系はフランス血統で末脚の伸びに優れたスタミナ血統。2着のエア

2020年10月25日
京都2Rのスマート出馬表（結果払戻画面）

京都　2R 2歳未勝利
25日 10:35 芝1400　晴　良

着順↑	馬番	タイム↑	着差↑	人気	父 小系統	国	母父 小系統	国		上がり P	上がり T
1	17	スーパーホープ 1:23.5		1	キズナ ディープ系	日	Kendargen グレイソヴリン系	欧	St ス	15	346①
2	1	エアシュラブ 1:23.7	1 1/2	2	リオンディーズ キングマンボ系	欧	ダイワメジャー Pサンデー系	日	ス T	50	349②
3	14	ライブリーキング 1:23.8	1/2	8	ダノンシャンティ Pサンデー系	日	デインヒル ダンチヒ系	欧	M ネ	15	349②
4	8	タイセイブレイズ 1:23.9	3/4	11	ワールドエース ディープ系	日	Oasis Dre ダンチヒ系	欧	A ハ	30	352⑨
5	5	ライトニングホーク 1:24.0	1/2	4	ディープインパクト ディープ系	日	Hawk Wing ミスプロ系	欧	A リ	30	350④
6	3	サトノアイ 1:24.1	クビ	3	ハーツクライ Tサンデー系	日	Catcher I ダンチヒ系	欧	ト グ	30	351⑤
7	18	ノーブルアイランド 1:24.2	3/4	17	ラブリーデイ キングマンボ系	欧	コマンダーインチーフ リファール系	欧	ダ T		374
8	7	トーカイキング 1:24.2	ハナ	6	ヴィクトワールピサ Tサンデー系	日	トウカイテイオー マイバブー系	欧	M ミ	50	353
9	16	タガノスペルノヴァ 1:24.3	クビ	5	モーリス ロベルト系	欧	キングカメハメハ キングマンボ系	欧	カ サ	50	358
10	15	ビップレックス 1:24.8	3	15	ミッキーアイル ディープ系	日	ジャングルポケット グレイソヴリン系	欧	Ro ダ		361
11	11	ゴールドマイヤー 1:24.8	クビ	13	アドマイヤムーン フォーティナイナー系	日	タイキシャトル ヘイロー系	米	サ サ	50	351⑤
12	10	ケイセブン 1:24.9	1/2	16	オーシャンブルー Lサンデー系	日	サクラバクシンオー プリンスリーギフト系	日	Da ネ	50	356
13	13	ローゼライト 1:25.1	1 1/4	7	キズナ ディープ系	日	アフリート ミスプロ系	米	S ス	50	361
14	6	テイエムトッキュウ 1:25.1	ハナ	12	ロードカナロア キングマンボ系	欧	サクラバクシンオー プリンスリーギフト系	日	S ス		385
15	4	エリカシャンス 1:25.2	1/2	9	スクリーンヒーロー ロベルト系	欧	キングカメハメハ キングマンボ系	欧	サ サ	50	355
16	12	ラブムーン 1:25.5	2	18	アドマイヤムーン フォーティナイナー系	日	マイネルラヴ ミスプロ系	欧	サ サ	50	360
17	9	サヴァビアン 1:25.7	1 1/4	10	カレンブラックヒル Pサンデー系	日	フサイチコンコルド ニジンスキー系	欧	G ミ	30	351⑤
18	2	バールベック 1:26.9	7	14	ダノンシャンティ Pサンデー系	日	スターリングローズ ミスプロ系	米	M ネ		351⑤

シュラブは父が欧州型のリオンディーズ。母母父が凱旋門賞馬のエリシオ。3着のライブリーキングは母父が欧州型ノーザンダンサー系のデインヒル。母母父も欧州型のミルジョージでした。

そのあとの4Rでも、16番人気の超人気薄ながら4着に追い込んだメイショウサイウンが父ハービンジャー、母父キングカメハメハともに欧州型。惜しくも馬券にはならなかったですが、ここまでのレースを見ても欧州指向の差しが恵まれているのはわかりました。

藤代　そんなに早く気が付くの？ 午前中の1〜4レースぐらいじゃ判断できないでしょ？

亀谷　できないことも多いんですけど、判断できる日もありますよ。菊花賞に関しては前の週もそうだったのでうまくいきましたけど。

藤代　じゃあ、ある程度どこかでヤマをはらなくちゃいけないんだね？

亀谷　はい。でも、いくらなんでもスピード血統の先行馬が突然有利になるとは思いませんけど。

2020年10月25日
京都4Rのスマート出馬表（結果払戻画面）

京都　4R 2歳新馬
25日 11:35 芝1600　晴　良

着順↑	馬番	馬名 / タイム↑	着差↑	人気	父 / 小系統	国	母父 / 小系統	国
1	12	サナティオ 1:37.5		3	ディープインパクト ディープ系	日	クロフネ ヴァイスリージェント系	米
2	7	タガノディアーナ 1:37.6	1/2	5	リオンディーズ キングマンボ系	欧	ディープインパクト ディープ系	日
3	2	ミスフィガロ 1:37.7	クビ	1	ディープインパクト ディープ系	日	キングカメハメハ キングマンボ系	欧
4	9	メイショウサイウン 1:37.8	3/4	16	ハービンジャー ダンチヒ系	欧	キングカメハメハ キングマンボ系	欧
5	16	ボタンザクラ 1:38.0	1 1/4	11	リーチザクラウン Lサンデー系	日	ディアブロ ヘイロー系	米
6	18	トーホウロゼリア 1:38.1	1/2	6	ハーツクライ Tサンデー系	日	Unbridled ミスプロ系	米
7	8	プールアネージュ 1:38.2	3/4	7	モーリス ロベルト系	欧	ディープインパクト ディープ系	日
8	15	レスプロンディール 1:38.3	クビ	4	オルフェーヴル Tサンデー系	日	エンパイアメーカー ミスプロ系	米
9	11	デイジームーン 1:38.4	3/4	18	ヘニーハウンド ストームバード系	米	アドマイヤムーン フォーティナイナー系	日
10	3	ソノラメンテ 1:38.7	1 3/4	10	ドゥラメンテ キングマンボ系	欧	ブライアンズタイム ロベルト系	欧
11	4	セカンドワルツ 1:38.7	クビ	13	ハービンジャー ダンチヒ系	欧	キングカメハメハ キングマンボ系	欧
12	6	ヴィッカース 1:38.9	1 1/4	8	キングカメハメハ キングマンボ系	欧	フジキセキ Pサンデー系	日
13	1	リアンペスカ 1:39.0	1/2	12	キズナ ディープ系	日	チーフベアハート ダンチヒ系	米
14	14	ナンヨーアイボリー 1:39.2	1 1/4	9	ロードカナロア キングマンボ系	欧	フジキセキ Pサンデー系	日
15	5	メイプルリズム 1:39.2	クビ	2	モーリス ロベルト系	欧	マンハッタンカフェ Tサンデー系	日
16	13	ラガーナギクイーン 1:39.3	クビ	15	ラブリーデイ キングマンボ系	欧	ジェイドロバリー ミスプロ系	欧
17	10	コスモエンデ 1:39.9	4	14	ジャスタウェイ Pサンデー系	日	スターオブコジーン グレイソヴリン系	欧
18	17	パステルリズム 1:41.2	8	17	マジェスティックウ エーピーインディ系	米	シンボリクリスエス ロベルト系	欧

傾向を読めなかったとしても、次走には活かせる

亀谷　もし菊花賞の日に傾向を読めなかったとしても、それで終わりではありません。先ほども言ったように、次走に活かすことのほうがもっと大事ですから。

菊花賞の週であれば、先行した米国血統・スピード血統の馬が能力を発揮できていないことは確実ですから、次に不利さえ受けなければ前進するわけです。今回ものすごく恵まれる必要はありません。

菊花賞の日に限らず、大雑把なデータでも証明できます。

2019年以降の芝では、〝3番人気以内で3コーナー3番手以内だった先行馬が3頭以上4着以下になっていた日に、3コーナー3番手以内だった父か母父米国型〟が、次走でも芝のレースに出た場合の成績は以下のようになります（集計期間：2019年1月1日〜2020年12月13日）。

［79－84－76－572／811］
勝率9・7％　連対率20・1％　複勝率29・5％
単勝回収率109％　複勝回収率89％

これだけでも単勝回収率で109％、複勝回収率で89％ですから、水準よりもかなり優秀です。

藤代　ある日の全芝レースを見て、人気の先行馬がどれだけ負けているかってことだよね？　8Rで1頭飛んで、10Rで1頭飛んで、11Rで1頭飛べば、計3頭。そういう日は先行馬が不利だから、そこで先行していた馬（特に米国型）は次走で狙えるということだね。

亀谷　そうです。それだけ、父か母父が米国型のようなスピード血統の先行馬は差し有利の馬場・レースでは本来の能力を発揮できていないということです。

藤代　前走は不利で負けてるだけだから、今回普通に走れば前走よりは着順を上げるということだね。しかも、人気を落とすというオマケ付きで。

亀谷　はい。だから負けたレースの分析でのほうが「能力の方向性は一定じゃない」という格言は有効なんですよね。今回どういう能力が要求されるかを読むことはもちろん大事なんですけど、過去数戦を見てどれだけ能力を発揮できていなかったかを見ることもかなり大事です。

先週の土曜（2020年11月7日）、東京8Rでスポーカンテソーロという馬を狙ったんですけど、この馬は父Scat Daddy、母父Speightstownで、父も母もダート短距離のスピード勝負に強い血統です。2走前は同じ東京ダ1400mで負けてるんですけど、今回はこのときよりは着順を上げると予想できました。

藤代　どうして？

亀谷　2走前は1~3着馬が全部追込馬だったんですよ。そして、7番人気1着のロブラリアの父はアイルハヴアナザー、母父はトニービンでした。アイルハヴアナザーというのはロベルトの血を持っていて米国型のなかではスタミナ寄りです。そこに欧州型のトニービンですから、欧州指向の強いスタミナ血統ということになります。

スポーカンテソーロの2走前

2020年5月23日 東京8R
4歳以上1勝クラス ダ1400m稍重

着	馬名	父	母	位置取り	人気
1	7⑭ロブラリア	アイルハヴアナザー	トニービン	11-11-11-11	7
2	4⑦ディナミーデン	ゴールドアリュール	ブラックタイアフェアー	12-12	3
3	3⑥パイオニアバローズ	Cairo Prince	Proud Citizen	9-8	1
4	2④ケイアイマリブ	キンシャサノキセキ	Afleet Alex	5-4	8
5	5⑨スポーカンテソーロ	Scat Daddy	Speightstown	3-4	5

芝1200mで7人14着

2020年11月7日 東京8R
3歳以上1勝クラス ダ1400m良

着	馬名	父	母	位置取り	人気
1	3⑥スポーカンテソーロ	Scat Daddy	Speightstown	1-1	5
2	8⑮ファイヴレター	タイムパラドックス	ネオユニヴァース	5-5	1
3	5⑩ダンシングサンダー	スズカコーズウェイ	アフリート	10-10	2
4	5⑨アポロセイラン	アポロキングダム	スペシャルウィーク	10-8	11
5	4⑧コスモストライカー	Sebring	Galileo	2-2	3

単勝1,760円　複勝290円 120円 160円　枠連1,220円
馬連2,120円　ワイド780円 1,190円 280円
馬単5,730円　三連複2,870円　三連単31,800円

ダート1400m以下では前走で先行している父米国型というのはそもそも期待値が高いのですが、スマート出馬表にも掲載されている馬場虎太郎さんのトラックバイアス評価で〝差〟か〝超差〟だったレース。つまり、先行馬には不利だったレースで先行して4着以下だった父米国型は以下のような成績になるようです（集計期間：2019年1月1日～2020年12月13日）。

【73－55－75－606／809】
勝率9・0％　連対率15・8％　複勝率25・1％
単勝回収率109％　複勝回収率95％

また、3番人気2着のディナミーデンも父ゴールドアリュールなので中距離型です。つまり、このレースは米国の要素が薄いレースだったと言えます。欧州型でダート中距離適性の高い追込馬が上位を独占するようなレースで米国型の馬が先行したら、不利を受けるに決まってるんですよ。

そして、今回の東京ダートは良馬場で追い込みが決まるような馬場ではなかった。しかも、メンバーを見渡してもペースが緩みそうだから楽に先行できる。さらに、この開催の間中ずっとストームキャット系が走っていて、突然不利になるということは考えられない。そう考えると8割方恵まれるだろうし、能力を出せない可能性は極めて低いとレース前に言ったんです。実際に逃げて、展開の不利も受けずに勝ちました。

藤代　何番人気だったの？

亀谷　一部の人の大量投票があって5番人気でしたけど、単勝は17・6倍つきました。

藤代　そんなについたの⁉

亀谷　今回は休み明けだったんですけど、これは後述する「○×血統」の○に当てはまっていたので狙いやすかったですね。

永久馬券格言

2

○×血統に注意！

反動によって好走と凡走を繰り返す馬

亀谷　前の格言は「能力の方向性によって競走馬は力を出せたり出せなかったりする」という話でしたが、この格言は、競走馬は「反動によっても力を出せないことがある」という話です。

田端（到）さんや今井（雅宏）さんに教えていただいた競馬の傾向ですが、アメリカの馬券師の間にも「バウンス（反動）」と呼ばれている格言が40年以上前からあるみたいです。反動が出やすい馬というのは、間隔を詰めて使うとパフォーマンスを落とすので、好走と凡走を繰り返します。

藤代　前走で好走して今回人気になって飛ぶわけだね。

亀谷　はい。◯×の馬の場合、適性が合っていてもバツのタイミングでは走れないんです。

藤代　◯×の馬かどうかは馬柱で確認でするの？

亀谷　馬柱ではっきりとわかる馬なら簡単なんですけど、そういう馬ばかりじゃないので、血統を見ます。◯×になりやすい血統がありますから。

藤代　へぇ、どういう血統？

亀谷　主に米国型のスピード血統です。40年前からアメリカの馬券師の間には「バウンス」という馬券格言があると、先ほど言いましたよね？　まさにアメリカで「バウンス」という格言が成立するのも米国血統が反動が出やすいからなんでしょう。

特にダンチヒの血を持つ馬は、その傾向が顕著なので注意が必要です。なぜダンチヒが○×血統かというと、休み明けから走れるからです。その勢いで間隔を詰めて使うと反動が出て戦績が○×になります。マイスタイル（母母父ダンチヒ）が良い例ですね。休み明けを走って、次走で人気になってコケて、人気が落ちたら好走。これの繰り返しなんですよ。

藤代　休み明けから走れる反面、叩いて上昇はしないんだね。

亀谷　逆にイギリスのステイヤータイプは叩いて叩いて上昇します。×→△→○血統がイギリス血統です。

このように、競走馬には○×型と×△○の叩き上昇型がいるんです。それは血統による影響も大きいんです。

藤代　これを知っているのと、知らないのとでは大違いだね。○×の血統を知っておくと、買いでも消しでも使えるんだもんね。

亀谷　そうなんです。血統というのは「条件が合っていても走れない状況」を予想するのにも便利です。

血統的に馬場が向く馬は読めないことも多いですが、「反動で走れない馬」は、仮

マイスタイルの戦績 ―― 母母父ダンチヒの○×馬

日付	レース名	コース	人気	着順	位置取り
2016/11/26	2歳新馬	京都芝1600良	4	3	8-3
2016/12/23	2歳未勝利	阪神芝1800重	4	1	3-3
2017/1/8	シンザン記念(G3)	京都芝1600重	5	5	5-5
2017/2/12	こぶし賞(500)	京都芝1600稍	2	1	3-3
2017/3/5	弥生賞(G2)	中山芝2000良	8	2	1-1-1-1
2017/4/16	皐月賞(G1)	中山芝2000良	14	16	6-7-8-12
2017/5/28	東京優駿(G1)	東京芝2400良	14	4	1-1-1-1
2017/9/24	神戸新聞杯(G2)	阪神芝2400良	7	7	3-3-3-3
2017/10/22	菊花賞(G1)	京都芝3000不	15	18	1-1-18-18
2018/4/15	福島民報杯(OP)	福島芝2000良	1	2	2-2-2-1
2018/5/6	新潟大賞典(G3)	新潟芝2000良	2	6	6-6
2018/6/30	洞爺湖特別(1000)	函館芝2000稍	1	1	1-1-1-1
2018/7/7	五稜郭S(1600)	函館芝2000稍	1	1	1-1-1-1
2018/8/19	札幌記念(G2)	札幌芝2000稍	6	9	4-3-1-1
2018/11/11	福島記念(G3)	福島芝2000良	3	2	2-2-2-2
2018/12/8	中日新聞杯(G3)	中京芝2000良	2	8	1-1-1-1
2019/1/5	京都金杯(G3)	京都芝1600良	5	2	3-3
2019/2/17	小倉大賞典(G3)	小倉芝1800良	2	10	5-7-8-8
2019/3/30	ダービー卿CT(G3)	中山芝1600良	7	3	6-7-6
2019/6/30	巴賞(OP)	函館芝1800稍	2	9	3-3-4-6
2019/7/14	函館記念(G3)	函館芝2000良	1	1	1-1-1-1
2019/10/26	スワンS(G2)	京都芝1400稍	4	3	6-5
2019/11/17	マイルCS(G1)	京都芝1600良	10	4	1-1
2019/12/21	阪神C(G2)	阪神芝1400良	2	13	5-5
2020/3/1	阪急杯(G3)	阪神芝1400良	5	12	2-2
2020/4/4	ダービー卿CT(G3)	中山芝1600良	8	14	4-3-5

に馬場が向いていても走れないんだから確実ですよね。

ディープインパクトも○×血統

亀谷 ボクはディープインパクトも○×血統だと思っています。
藤代 でも、そんなイメージないよね。連勝する馬も多くない？
亀谷 それは間隔をあけて使っているからです。走るディープ産駒というのはほとんどノーザンファームの生産馬ですよね。本当はバツになるところを使わずに休ませるので、戦績が○×にならないんです。ディープインパクト自身も間隔を詰めて出走したことがありませんでしたからね。
藤代 へぇ。
亀谷 ○×血統は反動が出やすいのでトライアルレースを使わないほうがいいんですよ。ここ10年ぐらい「常識はずれのローテーション」みたいなのが言われましたけど、ノーザンファームの使い方は○×の×を回避した使い方とも言えるのではないでしょうか。特にディープ産駒みたいに軽い調教で走る馬って、休み明けでも走れる代わりに間隔を詰めると反動が出やすいですからね。

藤代 そういうことだったのか。

亀谷 海外のホースマンは「なんで日本の馬は前哨戦を使わないいんだ?」って言いますよね。それはヨーロッパの馬は前哨戦を使ったほうが上昇するからなんです。あと、昔の日本もひと叩きしたほうが良いという考え方でしたけど、あれも昔ながらのステイヤー血統や上昇型の馬が多かったし、そういう馬が走りやすい環境だった影響も大きいと思います。ノーザンテーストとか、ロベルトとか。昔の馬場は、今よりもスタミナやパワーが要求されたので、叩き上昇血統に向いていたことも大きいですね。

藤代 昔は休み明けで本番に臨むのは大きなマイナスだと思われてたよね。

亀谷 でも、今の日本の芝馬場は、前哨戦でスタミナやパワーを強化する必要がありませんから。最近の日本の馬は、米国血統のスピードをもとに直線でのスピードを手に入れているわけです。そういう馬が前哨戦で力を発揮したら、本番で力を発揮できなくなるんです。

藤代　それはノーザンファームの人たちも意識してるのかな？

亀谷　直線でスピードを発揮しやすい馬を作るために、馬がカタくならないように間隔をあけて使おうというのは意識しているかもしれませんね。

藤代　そうだったのか。でも、ノーザンファームが中3週で使ってくることはほとんどないんだよね？

亀谷　下級条件だと結構ありますよ。ノーザンファームの馬は○×血統が多いので、見つけたら逆張りが有効です。

未勝利～2勝クラスまでのノーザンファーム生産馬を中3週以内とそれ以外に分けた場合のデータが以下です（集計期間：2019年1月1日～2020年12月13日）。

中3週以内

［339－345－3202265／3269］
勝率10・4％　連対率20・9％　複勝率30・7％
単勝回収率53％　複勝回収率66％　平均人気5・4人

それ以外

［638－522－490－3749／5399］
勝率11・8％　連対率21・5％　複勝率30・6％
単勝回収率70％　複勝回収率73％　平均人気5・7人

未勝利～2勝クラスは出走ルールからも前走着順の良い馬に優先出走権があるので、中3週以内で使ってくる馬は人気になりやすいんです。にも関わらず勝率、連対率は中3週以内のほうが悪い。当然、回収率も低くなります。

2走連続で中3週以内や放牧を挟まずに在厩し続けているようだと、さらに成績は悪化します。

藤代　未勝利～2勝クラスということは、上級条件ではあまりないんだ？

亀谷　多くはないですけど、たまにあります。NHKマイルCのグランアレグリアがそうでした。初めて中3週で使ったら反動が出ましたよね。グランアレグリアの母父は米国型のエーピーインディ系なんですけど、ディープ産駒は母が米国血統だとより反動が出やすくなります。逆に、母父が英国型だと叩いて上昇するタイプになる場合もありますけど。

藤代　これも亀ちゃんに教わったんだけど、ディープは昇級戦に強いって言ってたじゃない？　昇級戦の場合も、間隔を詰めてきたときには信用できないってこと？

亀谷　それはそうでしょうね。ただ、そういう使い方はあまりしないと思いますけど。現在5連勝中のレイパパレも間隔をあけてますよね。まぁ、レイパパレのような大物は例外ですが、間隔を詰めて飛ぶ人気馬は

グランアレグリアの戦績

日付	レース名	コース	人気	着順	位置取り
2018/6/3	2歳新馬	東京芝1600良	1	1	3-2
2018/10/6	サウジアラビアRC(G3)	東京芝1600良	1	1	2-2
2018/12/16	朝日杯FS(G1)	阪神芝1600良	1	3	2-2
2019/4/7	桜花賞(G1)	阪神芝1600良	2	1	3-1
2019/5/5	NHKマイルC(G1)	東京芝1600良	1	5(降)	4-6
2019/12/21	阪神C(G2)	阪神芝1400良	1	1	8-8
2020/3/29	高松宮記念(G1)	中京芝1200重	2	2	12-13
2020/6/7	安田記念(G1)	東京芝1600稍	3	1	8-7
2020/10/4	スプリンターズS(G1)	中山芝1200良	1	1	15-15
2020/11/22	マイルCS(G1)	阪神芝1600良	1	1	5-5

多いので注意しましょう。

ダービーとジャパンCの違い

藤代　亀ちゃんはよく「母方に米国の血が入っているディープ産駒がダービーで有利だ」って書いてるよね。それは米国の血が入ってないと3歳春から動けないという意味もあるの？

亀谷　はい。3歳春の2400mだったら、母系はフレッシュな状態でスピードを発揮できるタイプのほうが有利なんです。でも、古馬になるともっとスタミナや持久力が問われます。ジャパンCでは、4歳以上の牡馬で来てるのはスタミナ血統を持っている馬ばかりですからね。

藤代　へぇー。でもさ、米国血統に○×が多いという理屈なら、皐月賞を勝って、ダービーで負けるってならない？

亀谷　レース間隔をあけてるからですよ。皐月賞からダービーは中5週ですから少し余裕があります。コントレイルだって中3週で使えばパフォーマンスを下げると思いますよ。

藤代　なるほどー。

亀谷　米国血統というのは使い込むほどスタミナと相反するパワーとスピードが強化されてしまうので、距離適性が短くなる馬も多いんです。

藤代　確かに、クラシックで活躍していた馬が古馬になって短距離を走るパターンは多いよね。

亀谷　スピード型血統はキャリアを積むとどんどんスピード馬になっていくし、スタミナ型血統というのはキャリアを積むことでスタミナの良さが発揮できるようになる。これは覚えておいたほうがいいですね。

過去5年、春の3歳G1（桜花賞、皐月賞、NHKマイルC、オークス、ダービー）で3着以内だった馬が後に重賞に出走した際の成績を、父か母父に米国型を持っているか欧州型を持っているかで分けると以下のようになります（集計期間：2015年1月1日～2020年12月13日）。

父か母父が米国型
［33－29－24－166／252］
勝率13・1％　連対率24・6％　複勝率34・1％

父か母父が欧州型
［46－31－35－157／269］
勝率17・1％　連対率28・6％　複勝率41・6％

父か母父に欧州型を持っている馬のほうが、後に好成績を残します。欧州型は能力自体が成長によって底上げされていくことが多い。米国型の場合は能力をキープできれば良いのですが、キャリアを重ねて成長とともに、3歳時に示していたパフォーマンスとは適性がズレていくことも多い。陣営がそれまでのイメージを捨てきれずにずっと似たような距離やコースを使い続けてしまうこともこういった成績になってしまう要因です。

具体的な馬名で挙げると、リスグラシュー。母父、母母父ともに欧州型で、サドラーズウェルズの血も持つ馬。桜花賞は2着、オークスは5着でしたが、4歳になってからエリザベス女王杯を勝利。5歳になって宝塚記念を圧勝すると、オーストラリアのコックスプレートも勝って、有馬記念は歴史的な快勝をしました。

サトノクラウンは欧州からの持ち込み馬で父が欧州型ノーザンダンサー系のMarju。皐月賞は6着、ダービーは3着。4歳の暮れに香港でGⅠ初制覇。5歳で宝塚記念を勝ちました。

叩き上昇血統の代表はロベルト

藤代　叩いて調子を上げる血統は、具体的に言うと何なの？

亀谷　代表的なのはロベルト系ですね。あとは、ラフィアン系（マイネル・コスモ・ウイン）の馬に多いです。ラフィアンの馬はロベルトの血を持つ馬も多いですし。

藤代　ロベルト系ということは、ブライアンズタイム、グラスワンダー、シンボリクリスエスとかだね。

亀谷　最近だと、アイルハヴアナザーもロベルトの血を持っている種牡馬です。ラフィアン育成でロベルト持ちの馬は、上がりのかかるローカルコースで走る馬やタフな馬場になったときの中山で走る馬が多いです。しかも、休み明けは凡走して、2、3戦使ってから走るんですよ。

ラフィアン系馬主（ビッグレッドファーム、ラフィアン、ウイン）のアイルハヴアナザー産駒が中3週以上で続けて2走以上使われていて、レース上がり35・5秒以上のレースに出走した際の成績が以下のとおりです（集計期間：2019年1月1日～2020年12月13日）。

【8－6－14－75／103】
勝率7・8％　連対率13・6％　複勝率27・2％
単勝回収率118％　複勝率109％

ラフィアン系、ロベルトの血を持つ馬は上がりのかかるレースに強いので、福島や函館でも走ります。

藤代 そのイメージはあるね。

――ここ2年だけ見ても福島と函館の重賞で穴をあけていますね。

2019年

▼ラジオNIKKEI賞　マイネルサーパス　9番人気2着（ラフィアン&ロベルト持ち）
▼函館記念　マイネルファンロン　9番人気2着（ラフィアン&ロベルト持ち）
▼函館2歳S　プリンスリターン　11番人気3着（ラフィアン&ロベルト持ち）

2020年

▼福島牝馬S　リープフラウミルヒ　13番人気2着（ラフィアン）
▼福島牝馬S　ランドネ　15番人気3着（ロベルト持ち）
▼函館2歳S　リンゴアメ　10番人気1着（ラフィアン）

▼函館記念　ドゥオーモ　13番人気2着（ロベルト持ち）

亀谷　ロベルト系のタフな馬は×△○血統なので、今のノーザンファームやディープインパクトとは「才能を開花させるため」の使い方も違うと思うんです。その証拠に、ロベルト系の超一流馬って若いときにダートや短距離を使われてるんですよ。マヤノトップガン、シルクジャスティス、ファレノプシス、シルクプリマドンナ、タニノギムレットとか。

藤代　へぇ、すごく納得がいくよ。

亀谷　ただし、ロベルト系でもエピファネイア産駒は母でサンデー系のシーザリオの影響が強い馬が多いことも注意してください。エピファネイアはサンデー系の個性が出たタイプも出やすい、と考えていいんじゃないでしょうか。

まとめると、スピード型で休み明けから走る馬は反動が出やすい。逆にスタミナ型は使って使って上がって行く。これを意識するだけでも馬券的には有利になりますよ。

永久馬券格言 3

血統は能力のデータベース

同じような血統構成の馬が種牡馬として成功する

亀谷　これは、血統は「系統」や「国の血統傾向」によっても特徴が出るということです。系統や国別の血統傾向の知識があれば、「この種牡馬はこうじゃないか」とか「この系統とこの系統の組み合わせならこうじゃないか」と予測ができるんですよ。

藤代　うんうん。

亀谷　欧州2歳戦線で驚異的な成績を残しているMehmas（メーマス）という新種牡馬がいるんですけど、トライマイベストの系統にマキャベリアンで、その前に大成功したDark Angel（ダークエンジェル）と血統構成が似てるんです。同じような血統構成の馬が種牡馬としてバカバカ成功するのって何か原則がある証拠ですよね？

藤代　確かに。

亀谷　田端到さんの新種牡馬レビューは20年以上前から、本当に当たりますけど、やっぱり系統と国別の大まかな血統の個性が頭に入っているからですよね。新種牡馬の見方にだって原則があるんです。

藤代　亀ちゃんも新種牡馬の傾向を見つけるの早いもんね。パイロとかアイルハヴアナザーも、産駒のデビュー前に「これは狙える」とか言ってたよね。

亀谷　パイロというのはエーピーインディ系のPulpitにWild Againという配合ですから、日本のダート短距離が合うし早熟の血が入っているので、産駒が2歳戦から活躍するだろうなと予想できました。

パイロ産駒の初年度（2011年産）、2年目（2012年産）の産駒
ダート1400m以下の下級条件成績（新馬、未勝利、1勝クラス）

［35－31－34－272／372］
勝率9・4％　連対率17・7％　複勝率26・9％
単勝回収率110％　複勝回収率103％
（集計期間：2013年1月1日～2020年12月13日）

最近は米国型で同じようなタイプの種牡馬が徐々に増えましたが、何年か前はそういう種牡馬が少なかったというのも有利でしたよね。それに、種牡馬になったときからダーレーがたくさん種付けすることが決まっていたので、繁殖牝馬のレベルが高くなるのがわかってましたから。

藤代　繁殖牝馬のレベルまで予想するんだ？

亀谷　繁殖牝馬のレベルはすごく大事ですよ。バゴだって社台スタリオンに入ったらハービンジャーと同じかそれ以上に走ったのでは？

ノーザンファーム生産のバゴ産駒（※2020年12月13日時点）

出走した4頭全てが勝ち上がり。そのうち3頭が重賞で連対

▼クロノジェネシス　12戦6勝　宝塚記念（GⅠ）1着などGⅠ2勝
▼ステラヴェローチェ　2戦2勝　サウジアラビアRC（GⅢ）1着
▼ブラックバゴ　31戦4勝　京成杯（GⅢ）2着
▼エクザルフ　2戦1勝

藤代　日本のファンに馴染みのない種牡馬ほど人気にならないから、血統を知っていることが相当有利になるよね。アイルハヴアナザーはどうだったの？

亀谷　アイルハヴアナザーに関してはロベルトの血が入っているというのがポイントでした。フォーティナイナー系って比較的自身より母方の特徴を出す系統で、逆にロベルト系は主張する系統なんです。なので、フォーティナイナー系とロベルト系を配合するとロベルトが勝っちゃうだろうなというのは予想していました。

あと、ラフィアンが買ってきた種牡馬だからビッグレッドファームでの育成になるし、ＮＡＲ（地方）や昔のＪＲＡのタフな馬場に強い繁殖との配合が多くなりそうだった。つまり、パワーとスタミナを強化する調教と繁殖が多いので、ロベルト系の特徴がますます出るだろうと。

藤代　すごい読みだねぇ。

亀谷　最近で言うと、エピファネイアは産駒デビュー前に注目種牡馬に取り上げました。シーザリオの牝系も良いし、サンデーの母系との３×４のクロスもあるし、繁殖牝馬のレベルも高い。２０１９～２０２０年の芝はベタ買いの単勝回収

アイルハヴアナザーの血統表

フラワーアリー Flower Alley 栗 2002	ディストーテッドユーモア Distorted Humor	フォーティナイナー	Mr. Prospector
			File
		Danzig's Beauty	Danzig
			Sweetest Chant
	*プリンセスオリビア Princess Olivia	Lycius	Mr. Prospector
			Lypatia
		Dance Image	Sadler's Wells
			Diamond Spring
アーチズギャルイーディス Arch's Gal Edith 黒鹿 2002	アーチ Arch	Kris S.	Roberto
			Sharp Queen
		Aurora	Danzig
			Althea
	フォースファイヴギャル Force Five Gal	Pleasant Tap	Pleasant Colony
			Never Knock
		Last Cause	Caucasus
			Last Bird

率もプラス収支でした。芝1600m以上に限定するとさらに優秀です。

エピファネイア産駒の芝1600m以上成績
［78－72－64－409／623］
勝率12・5％　連対率24・1％　複勝率34・3％
単勝回収率142％　複勝回収率97％
（集計期間：2019年1月1日～2020年12月13日）

藤代　いきなりデアリングタクトが牝馬三冠だもんね。

亀谷　似たような血統や系統の特徴というのは、データベースとして既にたくさんあるので、新種牡馬が出てきてもどこを引き継ぐかを考えるだけでいいんです。例えば、父と母が両方米国型だったらダートでは圧倒的に有利とか、キングマンボ系は母方の特徴を出すとか、決まってることですから。何頭か見ればすぐにつかめるわけです。

国によって競馬の質は違う

——今でも忘れられないんですけど、亀谷さんは、テイエムオペラオー、アドマイヤベガ、ナリタトップロードが三冠を分け合った1999年に、3つとも勝ち馬を本命にしていましたよね。

亀谷　懐かしいですね。

——あれも「能力の方向性は一定ではない」と「血統は能力のデータベース」というのがあったからなんですよね？

亀谷　アドマイヤベガがサンデー×トニービンで、ナリタトップロードがサッカーボーイで、テイエムオペラオーがサドラーズウェルズ系のオペラハウスですからね。3頭とも血統が違うっていうのがわかりやすかったですね。今だとディープ産駒の中でどれを選ぶかですから。

とはいえ、コントレイル世代は、すべて違う2着馬を本命にして、ダービー以外（ダービーはさすがにコントレイル本命）の2着を当てましたが（笑）。

藤代　1999年のクラシックは、国によって競馬の質が違うというのを説明するのに最高の例だね。

亀谷　同じ2000mを走るにも、2000mのもたせ方が違うというか。そこじゃないですかね。今年（2020年）のブリーダーズカップ・クラシックの勝ち馬だって、日本だったらダート短距離の血統ですからね。それが持続し切ってしまうのが米国ですね。米国の持続するスタミナと、欧州の直線に向くまでにバテないスタミナってやっぱり違うんですよね。

藤代　僕も亀ちゃんの「スマート出馬表」で国の分類は参考にしてる。

亀谷　大きく3つに分けると傾向が見えてきますよね。

——亀谷さんのYouTubeを見てると、イギリスとフランスも分けて考えていますよね？

藤代　そうなの？

亀谷　ようやく、そういう話もできる時代になってきましたよね。イギリスというのは減速加速が激しい競馬です。芝でバテない能力というのはイギリスがたぶん世界最強だと思います。フランスはもっと日本に近くて、ためて伸びる能力が問われます。そういった理由で、日本ではイギリス血統よりもフランス血統のほうがうまくいくんです。

藤代　ドイツは？

亀谷　ドイツは馬群が雑なフランスというイメージです。一昔前の日本に近い部分もありますね。

藤代　日本でもドイツの牝系を入れてるよね？

亀谷　イギリスと比べるとドイツのほうが日本に近いですし、さっき言ったように競馬の形やレベルがドイツと日

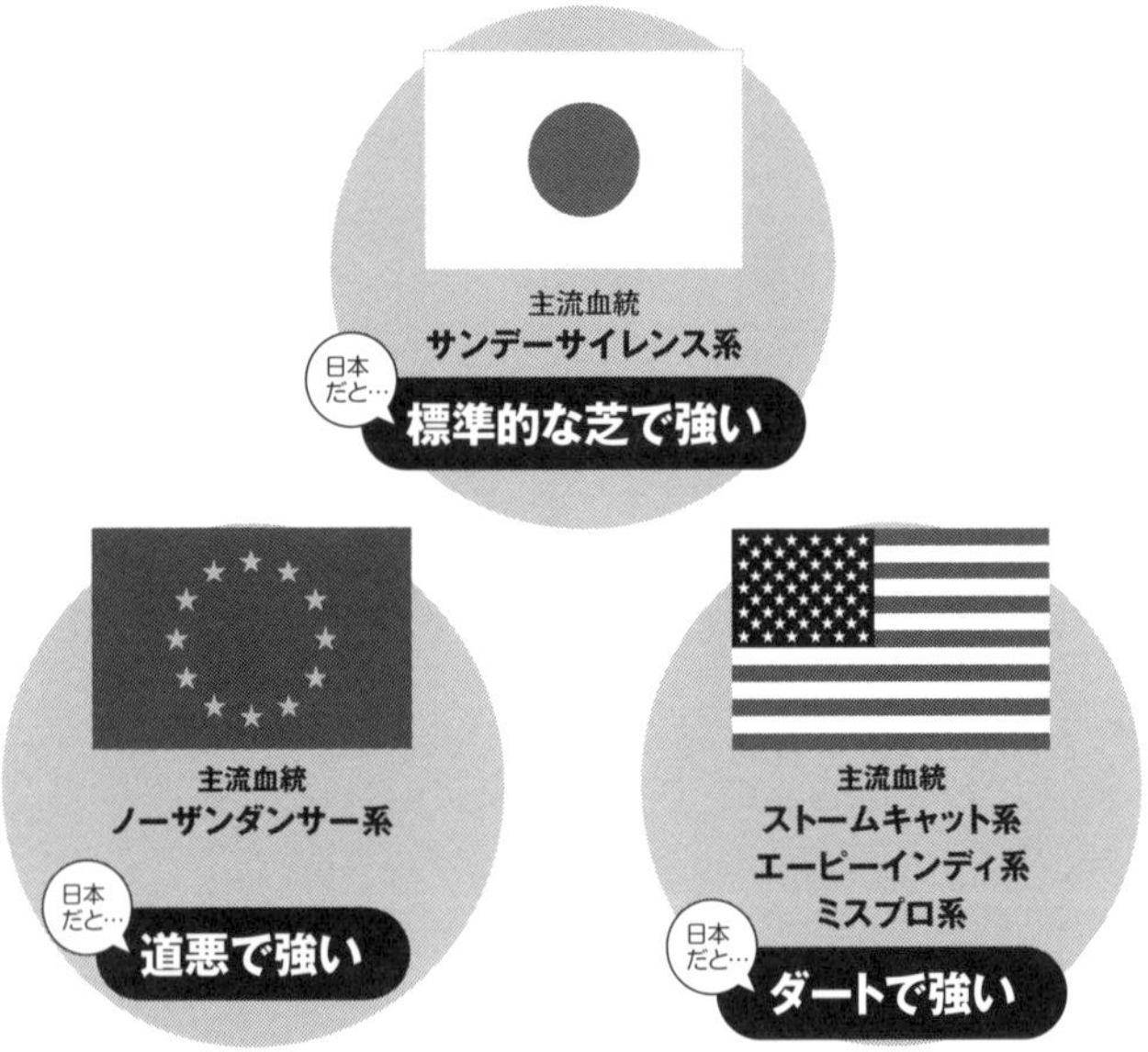

本は近かった。

日本ってアメリカ色が強すぎてもダメだし、フランス色が強すぎてもダメなんです。ちょうど間の国なんですよ。だから、各国のスーパー血統を入れて絶妙にブレンドする国なんです。

藤代 スマート出馬表では、イギリス血統もフランス血統も「欧州」でひとくくりにしているよね？ どう判断すればいいの？

亀谷 ディクタス、キングマンボ、グレイソヴリンがフランス。サドラーズウェルズとロベルトがイギリスと思ってもらえれば、だいたい大丈夫です。

サンデーと相性が良い母父と、ディープと相性が良い母父

亀谷 先ほど「アメリカ色が強すぎてもダメ」と言いましたけど、これはサンデー産駒とディープインパクト産駒にも言えることなんですよ。

藤代 え、どういうこと？

亀谷　ダービー向きの馬を作る上で、サンデーサイレンスはフランス血統と相性が良かったんです。でも、ディープインパクトはアメリカ血統との組み合わせがいい。これはサンデーサイレンスにアメリカ血統をつけると、アメリカ色が強くなりすぎちゃって、直線で伸びを生み出せなくなるからです。

逆にディープインパクトにフランス血統だと、フランス色が強くなりすぎちゃって3歳の春で体力が完成しないし、3歳では直線で母系がアメリカ型のディープ産駒にスピード負けしやすいんです。

フィエールマンなんかはフランス血統です。いい馬ですけど、ダービーでは間に合わない。だから、サンデーとの配合でダービーを勝った母父って、ディープインパクトとの配合ではダービーを勝っていないんです。

サンデー産駒のダービー馬の母父

▼Caro（タヤスツヨシ）

▼マルゼンスキー（スペシャルウィーク）

▼トニービン（アドマイヤベガ）
▼ロイヤルスキー（アグネスフライト）
▼Kris（ネオユニヴァース）
▼Alzao（ディープインパクト）

ディープ産駒のダービー馬の母父

▼Loup Sauvage（ディープブリランテ）
▼Storm Cat（キズナ）
▼フレンチデピュティ（マカヒキ）
▼キングカメハメハ（ワグネリアン）
▼Librettist（ロジャーバローズ）
▼Unbridled's Song（コントレイル）

代表的なのがディープインパクトとトニービンの組み合わせでしょうか。この組み合わせはダービーでも勝ち馬は出ていないし、GI馬もいませんよね。サンデーとトニービンの組み合わせはアドマイヤベガやアドマイヤグルーヴが出ているので相性が良かったんですが。

また、サンデーサイレンスはクラシックではノーザンテーストやストームキャットとの組み合わせでも相性がイマイチでした。でも、トニービンはノーザンテーストと相性が良かった。

ディープインパクトは、サンデーサイレンスとの組み合わせではGI馬を出せなかったストームキャットとの組み合わせでバンバンGI馬を出しましたよね？

これは「能力の方向性」のバランスによるものではないでしょうか？

藤代　サンデー×トニービンはダービーを勝てるけど、ディープ×トニービンでは勝てないってこと？

亀谷　はい。ディープ産駒のダービー馬にトニービンやニジンスキーを持っている馬はいません。

藤代　すごいねぇ。

亀谷　配合の原則はベスト・トゥ・ベストと言われていて、確かにその通りなんですけど、欧州最強であるサドラーズウェルズの血を持った馬が日本ダービーでまったく通用しないのはおかしい。サンデーにつけても、ディープにつけてもダメなんですから。日本ダービーで必要とされる能力のバランスにその組み合わせは合わないということです。これも「能力の方向性は一定ではない」につながりますよね。

藤代　サンデー産駒やディープ産駒の中でも方向性に違いがあるのかぁ。

亀谷　ディープ産駒のすべてが軽い馬場での直線スピードに秀でていると誤解されてる方っているんですよね。そうじゃなくて、東京芝2400mで3歳のうちに速い上がりを出すには、ディープにアメリカ血統という配合が一番良くて、母系に仕上がりの遅いスタミナ型の血がある馬の場合、3歳前半のスピード勝負には対応できないということなんです。

3歳後半からはサドラーズウェルズの血を持っているほうが強くなるレースだってあります。菊花賞がまさにそうだったんですけど、コントレイルがサドラーズウェルズの血を持つアリストテレスにあれだけ詰め寄られましたよね？

藤代　アリストテレスは父ロベルト系で、母方にディープ、トニービン、サドラーズウェルズって、本当にスタミナありそうだね。高速中距離馬のコントレイルが危うく負けそうになるのもわかるね。

亀谷　ジェンティルドンナが牝馬三冠とジャパンカップを勝ったのが2013年。その翌年にあたる2014年産以降は、それまでに比べてディープインパクト産駒でクラシック向きの配合が以前よりも意識されるようになって、繁殖牝馬の質や血統にも変化が見られました。

2014年産以降に限った重賞成績を母父の国別に分けると、表のようになります。

2、3歳戦の場合は母父米国型のほうが明らかに優秀。それに対して、古馬混合戦になると、母父欧

ディープ産駒の母父国別重賞成績

2、3歳限定戦

母父国	着別度数	勝率	連対率	複勝率	単回収	複回収
米国型	29-22-20-106/177	16.4%	28.8%	40.1%	89	101
欧州型	20-16-20-127/183	10.9%	19.7%	30.6%	110	83

古馬混合戦

母父国	着別度数	勝率	連対率	複勝率	単回収	複回収
米国型	22-21-11-125/179	12.3%	24.0%	30.2%	89	73
欧州型	15-17-14-110/156	9.6%	20.5%	29.5%	153	99

集計期間:2016年1月1日～2020年12月13日

州型も遜色ない成績になり、回収率に関しては上回っています。

藤代　面白いねー。

亀谷　競馬で要求される能力の方向性も一定ではないのですから、種牡馬と繁殖牝馬の相性も一定方向ではない、ということです。

永久馬券格言
4

1頭の種牡馬を覚えるだけでも馬券は勝てる

競馬は個性をいち早くつかんだ人が有利なゲーム

藤代　これは前から亀ちゃんよく言ってるよね。

亀谷　ボクのテーマですね。1頭の種牡馬を見続けていると「買っていいタイミング」と「買ってはいけないタイミング」がわかるようになるんです。例えば、サウスヴィグラスを狙うプロの人は、毎回サウスヴィグラスを買うわけじゃありません。サウスヴィグラスは叩いて上昇しますから、新馬戦や休み明けでは買わないで上昇を狙おうとか、「今回は買っていい」「今回は買っちゃダメ」というのを見極めているんです。

藤代　なるほど。

亀谷　ディープインパクトひとつとっても、見続けていると発見があります。
　わかりやすいのは「昇級戦の重賞は買い」「勢いが止まったディープは追い続けてはいけない」。
　もう少し観察を続けると「ディープだから軽い馬場しか走らない」みたいなことを言う人に「そうじゃないんだよなぁ」とか、思うようになる。3歳春で完成する母父米国型は軽い馬場が得意というだけで、母父が欧州型やスタミナ型のディープはタフな馬場も強い。でもそういう血統は3歳春で完成しない、とか意識できるようになるんですよね。

藤代　ローカルで走るディープもいっぱいいるもんね。

亀谷　そうそう。2600mで斤量が軽いときはおいしいとか。

藤代　そういうディープは母父がだいたい欧州型だと？

亀谷　欧州型とか、体重が軽い牝馬とかですね。

例えば、芝2200m以上で斤量が54キロ以下だったディープインパクト産駒は以下のような成績です（集計期間：2011年1月1日〜2020年12月13日）。

［64−59−37−253／413］
勝率15・5％　連対率29・8％　複勝率38・7％
単勝回収率131％　複勝回収率98％

具体的にどういう馬が軽い斤量になるかというと、3歳牝馬で牡馬や古馬との混合戦に出た場合。ハンデ戦に出た場合。騎手の減量がつく場合など。いずれのパターンも人気を落としやすい要素なんですけど、ディープインパクト産駒なのでポテンシャルは秘めていますし、素軽さやキレが持ち味の血統ですから、斤量が軽いことによって自身のパフォーマンスも発揮しやすくなります。

わざわざ長距離戦に使ってくるだけあって、距離の適性も能力も世間で思われている以上に高いんですよ。こういうタイプはディープインパクト産駒が本来得意と思われている主流の距離やコースでの成績が振るわない馬が多いことも期待値が高い要因になります。

藤代　昔、2000mハンデ重賞はディープがおいしいっていう格言があったよね。あれも正統派ではなくローカルで活躍するディープ？

亀谷　そこもディープを知ればタイプ分けできるようになります。

ディープ産駒には「ハンデディープ」と「GⅠディープ」がいます。

「ハンデディープ」は、GⅠだとボロ負けするけどGⅡ、GⅢで得意条件に出てきたときだけ堅実に走るようなタイプ。

逆に、昔はGⅠで頑張ってたんだけど、ハンデ戦に落ちてきたというようなディープ産駒はハンデ戦でもダメなんですよ。

芝1600m以上のハンデ重賞で「GⅠで3着以内になったことのあった馬」とそれ以外で分けると以下のような成績になります（集計期間：2011年1月1日～2020年12月13日）。

GIで3着内あり

[5−7−6−51／69]
勝率7・2％　連対率17・4％　複勝率26・1％
単勝回収率43％　複勝回収率50％　平均人気4・4人気

GIで3着内なし

[32−39−27−255／353]
勝率9・1％　連対率20・1％　複勝率27・8％
単勝回収率84％　複勝回収率103％　平均人気6・9人気

GIで好走したことのある馬のほうが実績で当然人気になるんですが、好走率と回収率どちらも実績のない馬のほうが高くなっています。

該当する実績馬は上位人気になった場合の成績も悪いので、逆張りも有効です。

1～3番人気の実績馬

[4−7−4−21／36]
勝率11・1％　連対率30・6％　複勝率41・7％
単勝回収率48％　複勝回収率73％

藤代　へぇ、面白いね。

亀谷　馬には個性があって一定じゃないので、血統を通じて「勢い重視タイプ」とか「自分の持ち場だけは堅実に走るタイプ」とかを見抜いていくことが大事なんですよね。競馬ってやっぱりそこが重要で、個性をいち早くつかんだ人が有利なゲームなんです。

じゃあ、個性ってどうやったらつかめるかというと、「ファンになること」つまり「1頭の種牡馬に惚れる」ってことが近道ではないかと。

藤代　「1頭の種牡馬を覚えるだけで馬券は勝てる」というのは、全種牡馬の特徴を知っているのがいいんだろうけど、それは無理だから1頭でもいいですよってことなんだよね？

亀谷 はい。1頭をしっかり細かく、個性が見抜けるぐらい特徴を掴むほうが、勝負事に向き合う上での「芯」ができると思うんです。

母父サウスヴィグラスとダノンレジェンドに注目

藤代 いま特徴を覚えておくべき、オススメの種牡馬はいない？

亀谷 母父サウスヴィグラスは注目ですね。

藤代 父サウスヴィグラスとは傾向が違うの？

亀谷 いえ、母父サウスヴィグラスもダート短距離が強いですよ。主張が強いんでしょう。すごいのは、体重が軽い馬でも回収率がなかなか良いんです。小さい馬の期待値が高いってダートではほとんどないことなので、大きい馬なら的中率はぐんと上がるんですよ。

表を見てもらえれば、全体の成績と比較しても、母父サウスヴィグラスの小型馬が水準よりも走っていることがわかります。

藤代　頭数は結構いるの？

亀谷　まだそんなに多くないです。「母父サウスヴィグラスだから買おう」って言っている人もあまりいないと思うので、狙い目でしょうね。

藤代　確かに、父サウスヴィグラスよりは注目されないよね。

亀谷　ボクは、最近で言うＡＩみたいな機械学習で穴の影響度を調べてるんですけど、母父ってレース結果への影響が大きい割にオッズへの影響は薄いんですよ。なので、母父サウスヴィグラスは馬券的においしいわけです。

母父サウスヴィグラスのダート成績

馬体重	着別度数	勝率	連対率	複勝率	単回収	複回収
～459kg	12-18-19-155/204	5.9%	14.7%	24.0%	39	125
460kg～	32- 27- 27-284/370	8.6%	15.9%	23.2%	151	82

集計期間:2012年1月1日～2020年12月13日

参考　ダート全体の成績

馬体重	着別度数	勝率	連対率	複勝率	単回収	複回収
～459kg	318-341-377-5258/6294	5.1%	10.5%	16.5%	57	65
460kg～	1287-1261-1222-12727/16497	7.8%	15.4%	22.9%	81	78

集計期間:2020年1月1日～2020年12月13日

藤代 よし、買おう！ 他にもいない？

亀谷 新種牡馬だとダノンレジェンドですね。なかなか優秀ですよ。

藤代 渋いなぁ。どういう特徴なの？

亀谷 みんなが思ってる以上にいい血統。それだけです。

藤代 ダート短距離？

亀谷 それが意外に距離をこなすんですよ。芝の1400m以下も2歳戦では走りますしね。ここがまたイメージと違うところです。こういうのを知っておくだけでも儲かると思いますよ。

ダノンレジェンド産駒の芝ダ距離別成績

芝ダ距離	着別度数	勝率	連対率	複勝率	単回収	複回収
～芝1500m	2- 2- 0-14/18	11.1%	22.2%	22.2%	340	82
芝1600m～	0- 0- 0- 2/ 2	0%	0%	0%	0	0
～ダ1500m	4- 2- 3-18/27	14.8%	22.2%	33.3%	95	72
ダ1600m～	3- 0- 1- 4/ 8	37.5%	37.5%	50.0%	273	251

集計期間:2020年1月1日～2020年12月13日

永久馬券格言 5

血統は馬柱の分析にコクを与える

血統を見ることで確率を上げる

亀谷　ほとんどの人が予想をするときに馬柱を見ると思うんですが、血統を絡めると、分析にコク、深みが出ます。例えば、内枠有利というシチュエーションでも、内枠が得意じゃない血統というのがいるんです。器用さがなくて馬群に揉まれるのが苦手とか、ダートの場合は砂を被ると走る気をなくすとかですね。

内枠が苦手な種牡馬
(馬番1～4番。人気ランクA～Cで成績の悪い種牡馬リスト)

芝

種牡馬	着別度数	勝率	連対率	複勝率	単回収	複回収
ハービンジャー	19-23-37-95/174	10.9%	24.1%	45.4%	48	70
ワークフォース	5-9-3-17/34	14.7%	41.2%	50.0%	52	68
ドゥラメンテ	4-4-4-12/24	16.7%	33.3%	50.0%	43	62
リオンディーズ	0-4-4-13/21	0%	19.0%	38.1%	0	63
アイルハヴアナザー	1-8-2-10/21	4.8%	42.9%	52.4%	25	122

ダート

種牡馬	着別度数	勝率	連対率	複勝率	単回収	複回収
キンシャサノキセキ	15-20-17-67/119	12.6%	29.4%	43.7%	46	76
エンパイアメーカー	12-13-2-44/71	16.9%	35.2%	38.0%	53	67
ヴィクトワールピサ	4-6-8-39/57	7.0%	17.5%	31.6%	21	53
ベルシャザール	6-9-4-32/51	11.8%	29.4%	37.3%	36	60
トゥザグローリー	3-5-7-25/40	7.5%	20.0%	37.5%	20	59
トランセンド	1-6-8-21/36	2.8%	19.4%	41.7%	13	73
ワークフォース	1-2-3-22/28	3.6%	10.7%	21.4%	6	35
エスケンデレヤ	4-4-2-15/25	16.0%	32.0%	40.0%	66	55

集計期間:2019年1月1日～2020年12月13日

藤代　そういう馬は内枠有利の馬場でも狙えないということだね。

亀谷　はい。さらに、前走を見るときにも使えます。前走で内枠に入って能力を発揮できなかった馬が、次に外枠に入ったら巻き返す確率が高いんですけど、その馬が外枠が得意な血統だったらもっと確率が上がるとかですね。

藤代　あぁ、そうか。

亀谷　内枠が苦手な血統だとわかっていれば、馬柱の見方も変わりますよね。

藤代　内枠で負けて外枠で巻き返しているなら、外枠のときだけ狙えばいいもんね。

亀谷　他にコクを与える例としては、距離短縮の向き不向きもありますね。短縮って基本的に有利なんですけど、ここでも種牡馬によってハマるハマらないがあります。

藤代　僕は短縮狙いをよくするけど、短縮が苦手な血統を削ることができれば効率いいもんね。

亀谷　キャリアを見る際にも使えますよ。ヘニーヒューズ産駒はキャリアを積みすぎると巻き返し力が下がるとか。

藤代　え、ヘニーヒューズ産駒ってそうなの？

亀谷　だいたいヘニーヒューズ産駒は、目安として15戦以上したらピークが下がるので、過去に実績があってもほとんど巻き返さないんですよ。ヘニーヒューズ以外でも使い減り血統は15戦ぐらいからパフォーマンスが落ちますね。

藤代　勉強になるなぁ。

亀谷　あと、終わったディープインパクト産駒は巻き返さないとか。ディープインパクト産駒って勢いが重要なので、勢いがあれば適性外でもこなしますけど、終わったら得意条件でも走らない。一方で、ハーツクライ産駒は得意条件に戻れば何度でも巻き返します。ハーツクライ産駒って同じ重賞で何度でも来るじゃないですか。ジャパンCでも一回馬券になったハーツクライはもう一回馬券になるみたいな。スワーヴリチャードとか、シュヴ

使い減り血統（キャリア16戦以上。人気ランクA～Cで成績の悪い種牡馬）

種牡馬	着別度数	勝率	連対率	複勝率	単回収	複回収
ヘニーヒューズ	7-5-6-38/56	12.5%	21.4%	32.1%	68	62
トランセンド	3-9-9-26/47	6.4%	25.5%	44.7%	45	81
パイロ	5-6-1-30/42	11.9%	26.2%	28.6%	92	66
カネヒキリ	3-5-6-27/41	7.3%	19.5%	34.1%	16	61
ダンカーク	4-1-1-22/28	14.3%	17.9%	21.4%	93	36
ワイルドラッシュ	1-3-2-18/24	4.2%	16.7%	25.0%	17	46

集計期間:2019年1月1日～2020年12月13日

ァルグランとか。昔からトニービンを持つ馬は得意条件を何度も走っていたので、ハーツクライも同じということです。

藤代 やっぱり「血統は能力のデータベース」なんだね。

芝のハンデ重賞は前走条件戦組が有利

亀谷 ハンデ戦の芝重賞って前走条件戦を使っていた馬だけ買えば、毎年のようにプラスになるって知ってました？　複勝回収率で3年連続プラスなんですよ。

藤代 前走条件戦を勝ってる馬ってこと？

亀谷 勝ってなくてもいいです。２０２０年の小倉記念も前走3勝クラスで6着だったアールスターが勝ちましたよね。これも本命にしましたけど。今のハンデ重賞って条件戦で負けてるほうが有利なくらいなんですよ。

藤代 すごいなそれ。でも該当馬は少ないよね？

亀谷 少ないのに走るんですよ。ポイントは、昇級初戦や格上挑戦でのハンデ戦に強い種牡馬と弱い種牡馬がいるということです。それを知っているだけで全然成績が変わりますよ。

藤代 それいいね。

亀谷 ディープインパクト産駒が昇級戦のハンデ戦に強いのはわかりますよね？ 先ほど言ったように勢いが大事な血統ですから。でも、ハーツクライ産駒は10頭出て1頭も好走したことがありません。キングカメハメハ産駒もそんなに良くなくて、ステイゴールド産駒も良くないですね。

藤代 ステイゴールドはディープと同じように勢いが大事だと思ってた。亀ちゃんが有馬記念で本命にしたオーシャンブルーのイメージだけど。

亀谷 ハンデ戦だとあまり良くないみたいです。あと、ダイワメジャーは勝ち切れてませんね。36回のうち勝ったことが1回しかないです。

芝のハンデ重賞における昇級戦成績

年	着別度数	勝率	連対率	複勝率	単回収	複回収
2018年	6-4-6-50/66	9.1%	15.2%	24.2%	76	123
2019年	5-6-8-44/63	7.9%	17.5%	30.2%	73	113
2020年	6-6-7-42/61	9.8%	19.7%	31.1%	146	174

集計期間:2018年1月1日～2020年12月13日

藤代　上位種牡馬でいいのはディープだけ？

亀谷　ロードカナロアはいいですね。アールスターもロードカナロア産駒ですし。でも、ハーツクライ、キンカメ、ステイゴールドが良くないっていうのがひとつポイントでしょう。

藤代　芝のハンデ重賞では、前走条件戦を使っていたディープとロードカナロアを狙う。これだけでも十分穴馬券を獲れそうだね。

亀谷　こんな感じで馬柱分析には有効な手が色々とあるんですけど、そこに血統を絡めることでさらに有効になるということです。

芝のハンデ重賞　昇級戦の種牡馬成績

種牡馬	着別度数	勝率	連対率	複勝率	単回収	複回収
ディープインパクト	3-9-4-35/51	5.9%	23.5%	31.4%	51	133
ステイゴールド	1-2-3-22/28	3.6%	10.7%	21.4%	13	48
ハービンジャー	2-2-0-18/22	9.1%	18.2%	18.2%	96	66
キングカメハメハ	1-0-1-16/18	5.6%	5.6%	11.1%	27	17
ハーツクライ	0-1-0-16/17	0%	5.9%	5.9%	0	6
マンハッタンカフェ	1-2-3-7/13	7.7%	23.1%	46.2%	26	118
ダイワメジャー	1-0-2-10/13	7.7%	7.7%	23.1%	96	133
ルーラーシップ	1-1-1-8/11	9.1%	18.2%	27.3%	143	83
ロードカナロア	3-1-0-6/10	30.0%	40.0%	40.0%	376	175

集計期間:2015年1月1日～2020年12月13日

永久馬券格言

6

血統は馬柱ではわからない能力を予測する最強ツール

初めてのシチュエーションはおいしい

亀谷　これは前項の「馬柱の分析にコクを与える」とつながっています。今までに経験したことがない状況になったときに、その馬が対応できるかどうかは誰にもわかりません。でも、血統を知っていると予測することができるんです。

藤代　初めての外枠とか昇級初戦とか、好走確率が高いのか、低いのかがわかるだけでもかなり差が出そうだね。

亀谷　キャリアが少ないときとか、初めての状況は血統で判断するしかありませんからね。最強なのが新馬戦ですよ。馬柱がないんですから（笑）。

藤代　そりゃそうだ。

亀谷　「亀谷競馬サロン」では、新馬得点を出していますが、得点の高い馬を買うだけでプラス収支になります。さらにコツを少し加えれば大勝ちできます。

当然、初ダート、初芝も血統を見ればこなせるかどうか予測できます。

藤代　初ダートが一番わかりやすいね。

亀谷　競馬関係者の多くは芝を走らせたいと思っているので、まずは芝を使うんです。でも、欧州血統の馬は脚が遅いので、そのうちにダートに出そうとなります。そうすると、初ダートの馬には欧州

新馬戦得点の得点別成績

新馬戦得点	着別度数	勝率	連対率	複勝率	単回収	複回収
7点以上	92-48-42-166/348	26.4%	40.2%	52.3%	116	94
4～6点	249-220-173-1004/1646	15.1%	28.5%	39.0%	101	91

集計期間:2017年6月1日～2020年12月13日

血統も多くなっちゃうんです。でも、欧州血統の馬は根本的に砂適性がないので、初ダートで消せるというわけです。

藤代　重厚な馬体の馬は、特にダートで人気になりそうだね。

亀谷　欧州血統が泣く泣くダートを使うということはこれからもずっと続くでしょうから、そういうときの取捨を知っておくだけでも成績が上がるでしょう。

——藤代さんは一時期、キングカメハメハの初ダートを狙い続けていましたよね。

藤代　来まくったよねー。でも、昔ほどおいしくなくなったから、もうやめちゃった。ハーツクライのダート替わりもすごく来るけど、みん

ダート替わりが苦手な種牡馬

（人気ランクA～Cで成績悪い父欧州型の種牡馬）

種牡馬	着別度数	勝率	連対率	複勝率	単回収	複回収
エイシンフラッシュ	0-3-3-22/28	0%	10.7%	21.4%	0	56
ノヴェリスト	2-2-2-20/26	7.7%	15.4%	23.1%	66	44
エピファネイア	2-2-0-18/22	9.1%	18.2%	18.2%	41	38
ハービンジャー	0-1-2-17/20	0%	5.0%	15.0%	0	30
キングズベスト	0-3-2-13/18	0%	16.7%	27.8%	0	57

集計期間:2018年1月1日～2020年12月13日

な知っているから配当がつかない。

亀谷　みんなというか、印を打つトラックマンですよね。あとは、機械（コンピュータ）でもわかるようになったら手遅れ。

藤代　そのときそのときでおいしい種牡馬を見つけていかないとね。

亀谷　先ほど言ったように、種牡馬のデータがそろわなくて、血統構成で予想できるほうが狙い目ですよね。

亀谷　あと、距離短縮が上手い血統、下手な血統というのが存在するので、初めての短縮のときは、そこを意識するだけでも全然違うんじゃないですかね。

ダートの距離短縮が苦手な種牡馬
（人気ランクA～Cで成績の悪い種牡馬）

種牡馬	着別度数	勝率	連対率	複勝率	単回収	複回収
ルーラーシップ	17- 12- 11- 70/110	15.5%	26.4%	36.4%	56	62
ジャスタウェイ	7- 7- 3- 34/ 51	13.7%	27.5%	33.3%	59	51
エイシンフラッシュ	5- 8- 3- 40/ 56	8.9%	23.2%	28.6%	35	57

芝の距離短縮が苦手な種牡馬
（人気ランクA～Cで成績の悪い種牡馬）

種牡馬	着別度数	勝率	連対率	複勝率	単回収	複回収
キンシャサノキセキ	6- 12- 16- 56/ 90	6.7%	20.0%	37.8%	26	63
ゴールドシップ	2- 4- 4- 19/ 29	6.9%	20.7%	34.5%	22	68

集計期間:2018年1月1日～2020年12月13日

永久馬券格言
7

ブラッドバイアスは特定の条件で発生する

芝では父サンデー系を見る

亀谷　これは馬場傾向などの特定の条件によって、好走する血統に偏りが出るということです。

藤代　どういうところを見ればいいの？

亀谷　一番簡単なのは、父サンデー系かそうじゃないかを見ることです。芝では父サンデー系の馬が来るのが日常で、サンデー系の人気馬が飛びまくるのは異常なわけです。もしサンデー系が飛びまくっていたら穴が出やすい馬場ですから、特定の系統が恵まれているのか、あるいは米国、欧州のような国別タイプが恵まれているのかを見てください。

藤代　つまり、常に馬場を意識していないといけないわけだよね？

亀谷　それはそうですね。

藤代　素人でもわかりやすいときはいいけどね。問題は偏りがよくわからないときが多いってことだよ。

亀谷　わかりやすいときだけでもいいんじゃないですか。誰が見ても明白な馬場であれば、それだけ傾向がはっきりしているということですから。

例えば、2020年8月30日（日）の札幌ダートは雨量が多く、水の浮いたグチョグチョの不良馬場。スピード持続力が必要で時計も出ていたので、米国型が走りやすいトラックバイアスでした。父の国別にみると、表のような成績でした。

スピード持続力に優れる米国型が走りやすい馬場ということは、逆に言うと、芝指

2020年8月30日
札幌ダートにおける父の国別成績

父国	着別度数	勝率	連対率	複勝率	単回収	複回収
米国型	3- 3- 2-16/24	12.5%	25.0%	33.3%	296	184
欧州型	1- 1- 1-12/15	6.7%	13.3%	20.0%	60	68
日本型	1- 1- 2-20/24	4.2%	8.3%	16.7%	24	50

札幌 10R 苫小牧特別
30日15:01 ダ1700 小雨 不

着順↑	馬番	馬名	タイム↑	着差↑	人気	父	父国系統	母父	母父国系統
1	13	サクラルーフェン	1:43.3		10	アイルハヴアナザー	米国型ミスプロ系	マンハッタンカフェ	日本型サンデー系
2	6	ヴィーダ	1:43.6	2	7	ヨハネスブルグ	米国型ノーザンダンサー系	サンデーサイレンス	日本型サンデー系
3	7	シゲルタイタン	1:43.8	1 1/4	2	マジェスティックウ	米国型ナスルーラ系	メジロベイリー	日本型サンデー系
4	9	ハイパーステージ	1:44.0	1 1/4	4	ダンカーク	米国型ミスプロ系	ネオユニヴァース	日本型サンデー系
5	8	タイキルークス	1:44.4	2 1/2	1	グランプリボス	日本型(その他)	キングヘイロー	欧州型ノーザンダンサー系
6	12	アオテン	1:45.0	3 1/2	12	ヴァーミリアン	欧州型ミスプロ系	キングカメハメハ	欧州型ミスプロ系
7	1	アンダープロミス	1:45.0	頭	3	ロジユニヴァース	日本型サンデー系	シンボリクリスエス	欧州型(その他)
8	5	フクノワイルド	1:45.1	1/2	9	エスポワールシチー	日本型サンデー系	フサイチコンコルド	欧州型ノーザンダンサー系
9	11	ベアクアウフ	1:45.3	1	11	アグネスデジタル	米国型ミスプロ系	ウォーニング	欧州型(その他)
10	10	スズノアリュール	1:45.4	3/4	6	ゴールドアリュール	日本型サンデー系	Giant's C	米国型ノーザンダンサー系
11	3	クリノヴィクトリア	1:45.7	2	13	アサクサキングス	欧州型ノーザンダンサー系	サツカーボーイ	欧州型(その他)
12	2	プロヴィデンス	1:46.4	4	5	シニスターミニスタ	米国型ナスルーラ系	ワイルドラッシュ	米国型(その他)
13	4	タマモサンシーロ	1:48.9	大差	8	アッミラーレ	日本型サンデー系	フレンチデピュティ	米国型ノーザンダンサー系

単勝3,880円 複勝680円 370円 170円 枠連3,650円
馬連25,590円 ワイド5,830円 2,460円 970円
馬単49,160円 三連複32,120円 三連単299,040円

向のキレが全く無意味な馬場。サンデー系を含む父日本型の成績はかなり悪かったんです。

極めつけは、この日最後のダートのレースだった10R苫小牧特別。父米国型は6頭出走していて、1～4着を独占。1番人気のタイキルークス、3番人気のアンダープロミスはどちらも父日本型で凡走しました。

対象的に2020年11月29日(日)の阪神ダートはダートとしては特殊な馬場。米国型のスピード持続力が全く活かせず、芝中長距離のような末脚が活きる馬場でした。芝中長距離向きな血統のなかでも、グレイソヴリン系の血、特にトニービンの血を持つ馬が穴を連発しました。

まず、1Rでは父ルーラーシップのヨシノイースターが11番人気4着。ルーラーシップは母父にトニービンを持つ種牡馬です。10番人気3着だったコンヴェクトルは父がディープ系のなかでも芝長距離で走るディープブリランテ。母父のタニノギムレットは欧州指向が強いロベルト系でグレイソヴリン系の血も持つ種牡馬です。

8Rを10番人気で追い込み勝ちしたアサカディスタンスは父がルーラーシップ。母父もロベルト系のブライアンズタイム。

さらに、11Rを勝ったハナズレジェンドは父がハーツクライ。ハーツクライもルーラーシップと同じく母父がトニービンの種牡馬です。このレースが初ダートで人気薄でしたが、芝中長距離指向で末脚も活きる馬場が見事にハマりました。

藤代　そういえば、4、5年前の春の東京で、父ノーザンダンサー系が来まくったの。5番人気とか7番人気でバンバン来て、毎週当たるから僕はその開催プラスだった。「すげー」と思って秋の東京で同じように狙ったら全然こない。で、翌年の春も来ない。結局、あのときの春

血統		馬名	体重
父母父	母母父		
トニービン	Zephyr Ba	ハナズレジェンド	464
Summer Sq	ラシアンルーブル	メイショウエイコウ	454
Storm Cat	トニービン	ダノンスプレンダー	510
トニービン	Ile de Bo	アサカディスタンス	474
El Gran S	Mt. Liver	キャノンバローズ	454
ミシシツピアン	ラムタラ	ブルーコンパクタ	466
ジェイドロバリー	Isopach	イルミネーター	484
Wild Agai	Vice Rege	メイショウマサヒメ	498
Doneraile	Marlin	ポンペイワーム	532
The Prime	デインヒル	タイセイヴィーナス	476
Meadowlak	Marchand	ヒロノクイーン	486
Grindston	Chief's C	インテグラルシチー	510
Running S	フレンチデピュティ	メディーヴァル	454
Seeking t	サンデーサイレンス	スマッシャー	462
Loup Sauv	サクラユタカオー	コンヴェクトル	476

の東京が、僕にもわかるぐらいの馬場だったということなんだろうね。

亀谷　ノーザンダンサーはすごいですよ。欧州型だろうが米国型だろうが、父ノーザンダンサー系であればなんでも来る馬場というのがあります。ノーザンダンサー系は日本の競馬では反主流ですから、反主流が走るということは主流のサンデー系が力を出せない。つまり、穴が出るということですね。

藤代　確かに、父ノーザンダンサー系でおいしい馬券を何回も獲ったから味を占めたんだよ。

亀谷　わかりやすく反主流に偏ったとき

2020年11月29日　阪神ダートの血統傾向

場所 トラック 日付 R	着	馬番	人気	人ラ	血統 父	血統 母父
阪神　ダ2000m 2020.11.29 11R	1	14	7	D	ハーツクライ	Moon Rock
	2	13	12	E	サマーバード	バブルガムフェロー
	3	9	2	B	ロードカナロア	シンボリクリスエス
阪神　ダ1800m 2020.11.29 8R	1	5	10	D	ルーラーシップ	ブライアンズタイム
	2	10	6	D	エンパイアメーカー	ディープインパクト
	3	3	4	C	スマートファルコン	アフリート
阪神　ダ1400m 2020.11.29 4R	1	2	8	E	トーセンブライト	ゼンノロブロイ
	2	8	1	B	パイロ	ダンスインザダーク
	3	4	4	D	Itsmyluck	Adcat
阪神　ダ1800m 2020.11.29 3R	1	1	5	D	シニスターミニスタ	アッミラーレ
	2	2	3	C	ヘニーヒューズ	フジキセキ
	3	6	1	B	カレンブラックヒル	キングカメハメハ
阪神　ダ1400m 2020.11.29 1R	1	14	1	B	アジアエクスプレス	ディープインパクト
	2	15	2	B	マジェスティックウ	キングカメハメハ
	3	13	10	D	ディープブリランテ	タニノギムレット

は、大チャンスだと思ってください。

「上がりパターン」で上がり上位実績が一目でわかる

亀谷　今の東京（2020年秋）って、サンデー系と欧州型ミスプロ系の組み合わせの馬か、父か母父がディープインパクトという馬が来まくっているんです。

藤代　それって該当馬が多くならない？

亀谷　はい。そういうときは脚質の傾向でさらに絞るのが有効なんです。ボクが作った「スマート出馬表」には、テンパターン（テンP）、上がりパターン（上がりP）というのがあって、それぞれテンの質、上がりの質を示しています（15、30、50の3種類）。例えば上がりP30というのは、末脚の優れている馬を指すんですが、平均すると出走馬の30％にしか該当しないようにできているんですよ。

藤代　上位30％だから上がりP30っていうんだね。

亀谷　そうです。

藤代　上がりP15だと15%にしか該当しないから、30よりももっと末脚が優れているってことだね。
亀谷　上位の上がり順位実績を残す馬ということです。で、今（2020年秋）の東京って上がりP30以内の馬が来るんですよ。
藤代　30以内ってことは15か30ってことだよね？
亀谷　10頭立てだったら3頭、18頭立てだったら5頭ぐらいが該当する計算です。そこからさらに血統の傾向を加味することによって、狙い馬が2、3頭に絞れるわけです。
藤代　早く週末来ないかな（笑）。
亀谷　実際に先週、先々週とすごかったんですよ。父か母父ディープって多そうに見えますけど、上がりPで絞ると少ないですよ。
藤代　その場合は、必ずしも前走2、3着じゃなくても、7、8着に負けた馬でもいいってことだよね。
亀谷　もちろんです。
藤代　いいじゃなーい（笑）。

2020年11月8日 東京2Rのスマート出馬表
評価順位（上がりP順）

東京 2R 2歳未勝利
8日 10:30 芝1400 曇 良

馬番		馬名	性齢	推人	人ラ	単勝	印	異種 経	異種 実	ロ	テン1F 過去	テン1F 前走	テン P	テン T	上がり P1	上がり T
1	ニンジ	ニンジャゴー	牡2	4	C	18.5④				同	126③	126①	30	356④	15	351②
5	ゴール	ゴールドベレー	牡2	3	C	8.6②				短	135	135		362	15	353③
18	ワザモ	ワザモノ	牡2	2	C	12.2③				同	140	140		372	15	354⑤
11	サンミ	サンミラー	牝2	9	D	40.0⑨				同	125①	131⑦		347①	30	353③
14	ライン	ラインマン	牡2	12	D	52.3⑪				同	126③	133		359⑤	30	355⑦
16	スノウ	スノウリリー	牝2	18	X	取消				短	127⑤	127②	30	349②	30	362
▶17	シーチ	シーチェンジ	牝2	10	D	64.3⑫				同	136	136		369	30	359⑨
4	ディア	ディアマンテール	牡2	1	A	1.4①				短	125①	127②	15	352③	50	354⑤
7	ハート	ハートロック	牡2	5	D	22.2⑥				延	129⑧	135	30	361⑧	50	357⑧
9	ホウオ	ホウオウヴォーヌ	牡2	7	D	20.8⑤				短	138	138		378	50	349①
▶10	リュウ	リュウノクララ	牝2	8	D	30.6⑧				同	132	132⑧		363	50	361
12	マイネ	マイネルレイヨン	牡2	11	D	49.0⑩				同	130	130⑥		361⑧	50	360
15	ワール	ワールドナカヤマ	牝2	15	E	408.1⑮				短	128⑥	132⑧	50	359⑤		366
13	セイウ	セイウンジャック	牡2	14	E	410.2⑯				短	139	139		367		394
8	カミノ	カミノエミニー	牝2	17	E	484.3⑰		○		同	139	140		378		381
6	フェス	フェスティヴパイカ	牝2	16	E	292.8⑭				短	129⑧	129⑤	50	361⑧		371
3	オオシ	オオシマサフィール	牝2	6	D	27.4⑦				同	128⑥	128④	50	360⑦		359⑨
2	ウイン	ウインアガラス	牡2	13	E	158.2⑬				短	134	134		377		361

2020年11月8日 東京2Rのスマート出馬表
血統系統（上がりP順）

東京 2R 2歳未勝利
8日 10:30 芝1400 曇 良

	馬番	馬名	性齢	推人	人ラ	単勝	印	父 小系統	国	母父 小系統	国
	1 ニンジ	ニンジャゴー	牡2	4	C	18.5④		ダイワメジャー Pサンデー系	日	トニービン グレイソヴリン系	欧
	5 ゴール	ゴールドベレー	牡2	3	C	8.6②		エピファネイア ロベルト系	欧	マーベラスサンデー Lサンデー系	日
	18 ワザモ	ワザモノ	牡2	2	C	12.2③		マツリダゴッホ Pサンデー系	日	ショウナンカンプ プリンスリーギフト系	日
	11 サンミ	サンミラー	牝2	9	D	40.0⑨		トーセンラー ディープ系	日	Storm Cat ストームバード系	米
	14 ライン	ラインマン	牡2	12	D	52.3⑪		キングズベスト キングマンボ系	欧	ハービンジャー ダンチヒ系	欧
	16 スノウ	スノウリリー	牝2	18	X	取消		ジョーカプチーノ Lサンデー系	日	オペラハウス サドラーズウェルズ系	欧
▶	17 シーチ	シーチェンジ	牝2	10	D	64.3⑫		ハーツクライ Tサンデー系	日	キングカメハメハ キングマンボ系	欧
	4 ディア	ディアマンテール	牡2	1	A	1.4①		ドゥラメンテ キングマンボ系	欧	Dansili ダンチヒ系	欧
	7 ハート	ハートロック	牡2	5	D	22.2⑥		ミッキーアイル ディープ系	日	Saint Bal ヘイロー系	米
	9 ホウオ	ホウオウヴォーヌ	牡2	7	D	20.8⑤		オルフェーヴル Tサンデー系	日	グラスワンダー ロベルト系	欧
▶	10 リュウ	リュウノクララ	牝2	8	D	30.6⑧		クリーンエコロジー キングマンボ系	米	ディープインパクト ディープ系	日
	12 マイネ	マイネルレイヨン	牡2	11	D	49.0⑩		マツリダゴッホ Pサンデー系	日	ムタファーウエク ロベルト系	欧
	15 ワール	ワールドナカヤマ	牝2	15	E	408.1⑮		ワールドエース ディープ系	日	エンパイアメーカー ミスプロ系	米
	13 セイウ	セイウンジャック	牡2	14	E	410.2⑯		ブラックタイド Lサンデー系	日	ブライアンズタイム ロベルト系	欧
	8 カミノ	カミノエミニー	牝2	17	E	484.3⑰		ジャスタウェイ Pサンデー系	日	マイニング ミスプロ系	米
	6 フェス	フェスティヴパイカ	牝2	16	E	292.8⑭		マツリダゴッホ Pサンデー系	日	Montjeu サドラーズウェルズ系	欧
	3 オオシ	オオシマサフィール	牝2	6	D	27.4⑦		エピファネイア ロベルト系	欧	サクラバクシンオー プリンスリーギフト系	日
	2 ウイン	ウインアガラス	牡2	13	E	158.2⑬		ブラックタイド Lサンデー系	日	Mr. Greel ミスプロ系	米

亀谷　先日（11月8日）の東京2Rも、ボクが推奨したわけじゃないのに、サロンメンバーのみなさんが12番人気2着のシーチェンジと8番人気3着のリュウノクララを買ってましたよ。シーチェンジは上がりP30で、父ハーツクライ、母父キングカメハメハ。リュウノクララは上がりPは50でしたけど、父クリーンエコロジー（キングマンボ系）、母父ディープインパクトでした。

藤代　2頭ともサンデー系とミスプロ系の組み合わせだね。

亀谷　ミスプロ系とサンデー系の組み合わせだけで選ぶと5頭該当しちゃうんですけど、上がりPが15、30、50のいずれかにも該当している馬だと2頭しかいませんでした。つまり、ざっくりとした傾向をふたつ重ねることで絞る方法もあるということです。ひとつだけではそこまで絞れないけど、両方該当する馬にすれば2、3頭まで絞れます。

藤代　父か母父がディープっていうのも、リュウノクララしかいなかったんだね。おかしいなー、僕も見てたはずなんだけどな。

亀谷　前日にサービスでツイートして、「獲れました」ってリツイートありましたよ。

藤代　俺が見てたの、午後からかな(笑)。

亀谷　午後ならアルゼンチン共和国杯のサンアップルトン（9番人気3着）が、上がりP30でサンデー系とミスプロ系の組み合わせでしたよ。

藤代　それは買ったよ。亀ちゃん推奨してたでしょ？　でも、今年の3歳馬は弱いって決めつけて、勝ったオーソリティを消しちゃったの。2番人気なんだから押さえておけばよかったなぁ。3連複が430倍なんだよ。何をやってたんだろう。

亀谷　ちなみに、6番人気2着のラストドラフトも母父ディープですからね。

藤代　本当かよ！

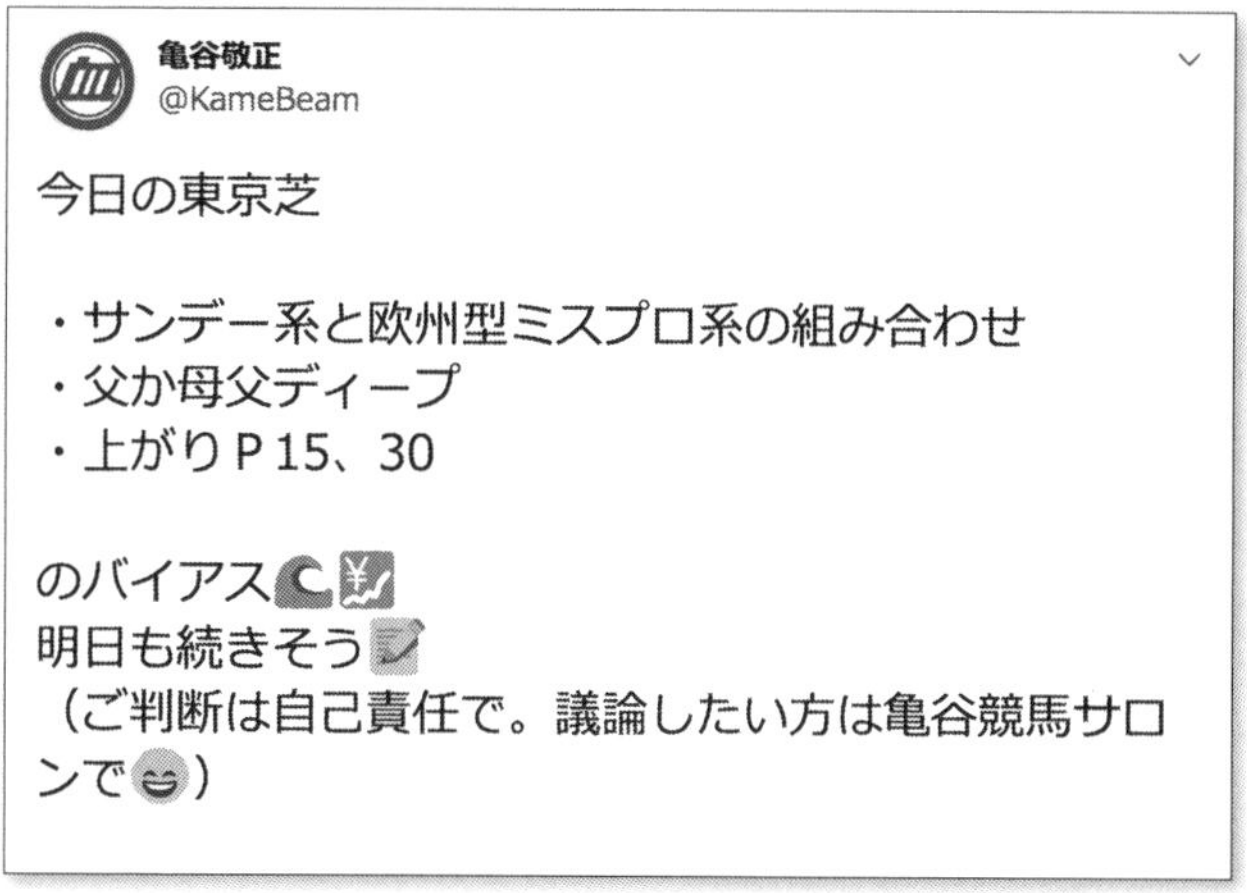
亀谷敬正
@KameBeam

今日の東京芝

・サンデー系と欧州型ミスプロ系の組み合わせ
・父か母父ディープ
・上がりP15、30

のバイアス
明日も続きそう
（ご判断は自己責任で。議論したい方は亀谷競馬サロンで）

2020年11月8日 東京11R アルゼンチン共和国杯

東京 11R G2アルゼンチン共和国杯
8日 15:35 芝2500 曇 良

全確定

着順↑	馬番	タイム↑	着差↑	人気	父 小系統	国	母父 小系統	国	上がり P	上がり T
1	18	オーソリティ 2:31.6		3	オルフェーヴル Tサンデー系	日	シンボリクリスエス ロベルト系	欧	30	338⑦
▶ 2	2	ラストドラフト 2:31.8	1 1/2	6	ノヴェリスト スターリング系	欧	ディープインパクト ディープ系	日	50	327①
▶ 3	10	サンアップルトン 2:31.9	クビ	9	ゼンノロブロイ Tサンデー系	日	キングカメハメハ キングマンボ系	欧	30	347
4	5	ユーキャンスマイル 2:32.0	3/4	1	キングカメハメハ キングマンボ系	欧	ダンスインザダーク Tサンデー系	日	30	347
5	13	タイセイトレイル 2:32.0	クビ	13	ハーツクライ Tサンデー系	日	シンボリクリスエス ロベルト系	欧	50	356
6	8	サンレイポケット 2:32.0	クビ	2	ジャングルポケット グレイソヴリン系	欧	ワイルドラッシュ ニアークティック系	米	50	328②
7	3	ベストアプローチ 2:32.1	3/4	15	New Appro サドラーズウェルズ系	欧	Efisio ハイペリオン系	欧	30	336⑥
8	16	アールスター 2:32.2	1/2	16	ロードカナロア キングマンボ系	欧	サツカーボーイ ファイントップ系	欧	50	341⑧
9	17	ゴールドギア 2:32.4	1 1/4	11	ロードカナロア キングマンボ系	欧	ゼンノロブロイ Tサンデー系	日	50	331④
10	9	ミュゼエイリアン 2:32.6	3/4	17	スクリーンヒーロー ロベルト系	欧	エルコンドルパサー キングマンボ系	欧		365
11	14	オセアグレイト 2:32.8	1 1/2	8	オルフェーヴル Tサンデー系	日	Bahri ネヴァーベンド系	欧		330③
12	7	アイスバブル 2:33.0	1 1/4	10	ディープインパクト ディープ系	日	キングカメハメハ キングマンボ系	欧	30	342⑨
13	15	サトノルークス 2:33.4	2 1/2	5	ディープインパクト ディープ系	日	Sadler's サドラーズウェルズ系	欧		353
14	6	トーセンカンビーナ 2:33.5	3/4	12	ディープインパクト ディープ系	日	Hawk Wing ミスプロ系	欧		349
15	1	バレリオ 2:33.7	1	7	ステイゴールド Tサンデー系	日	クロフネ ヴァイスリージェント系	米	15	331④
16	11	プリンスオブペスカ 2:35.1	8	18	ハーツクライ Tサンデー系	日	チーフベアハート ダンチヒ系	米		357
17	12	メイショウテンゲン 2:35.4	1 3/4	4	ディープインパクト ディープ系	日	フレンチデピュティ ヴァイスリージェント系	米	50	353
18	4	エアウィンザー 2:37.4	大差	14	キングカメハメハ キングマンボ系	欧	サンデーサイレンス サンデー系	日		358

穴馬と人気馬の結果で傾向を見る

藤代　前日や当日の傾向を見るときのコツはないの？　僕でもわかるような。

亀谷　スマート出馬表の「傾向速報」では1～3着のテンP、上がりPが見られるので、まずは人気薄でどんな馬が来ているかチェックしてください。

藤代　僕はまず1～3着馬の父を見るんだけど、それより先に上がりPを見たほうがいい？

亀谷　上がりP30以内の馬が来るのは当たり前なので、上がりP30以内じゃない人気馬が飛んでいるかどうかも見たほうがいいですね。つまり、強くても末脚の裏付けがない馬は飛ぶんだということです。テンPにも同じことが言えて、テンP15や30に該当しない人気馬が飛びまくっているということは、先行していないと話にならない馬場だということがわかるんです。上がりP、テンPを見るときは、それに該当しない人気馬がどれだけ飛んでいるかというのも見てください。

藤代　逆のタイプが不利なら、明らかに有利だと言えるもんね。

亀谷　人気馬は大抵どちらかに該当しますからね。枠も同じように、内枠の馬が走っているだけじゃなく、外枠の人気馬が飛んでいるかどうかもチェックしてください。

藤代　そうか。内枠の人気馬が来た場合は、ただ単にその馬が強いから来ただけかもしれないってことだよね。

亀谷　はい、強い馬がそろって内にいただけじゃ内枠有利とは言えませんから。そもそも恵まれるってことは恵まれない馬がいるから恵まれるわけです。競馬の場合は、恵まれない馬を見たほうが傾向がわかりやすいんです。

藤代　なるほどね。

亀谷　ジョッキーがそれまでのレースを見るときも、人気馬を見る人は多いのでは？　どういう競馬をしたら力を出せないかを確認するんです。

藤代　ためになるねー。

亀谷　なので血統を見るときも人気馬を見てください。サンデー系の人気馬が飛びまくってたら反主流の馬場だと思えばいいんですよ。

2020年11月8日 東京芝の「傾向速報」画面

場所 トラック 日付 R	着	馬番	人気	人ラ	異種 経	異種 実	ロ	テン1F 過去	テン1F 前走	テン P	テン T	上がり P	上がり T
東京 芝1400m 2020.11.08 12R	1	2	6	D			同	124	130	50	347⑤		345②
	2	5	1	B			同	128	132		358	15	348⑤
	3	10	3	D			同	122④	137		347⑤	15	345②
東京 芝2500m 2020.11.08 11R	1	18	3	C			延	127⑤	127①		353②	30	338⑦
	2	2	6	D			延	127⑤	129③	50	357⑤	50	327①
	3	10	9	D			延	125③	134⑧	50	381	30	347
東京 芝2000m 2020.11.08 9R	1	6	2	B			同	133	133	30	367	30	351③
	2	5	4	C			同	136	136	15	380	30	348①
	3	1	3	B			同	128③	128③	50	349①	30	348①
東京 芝1600m 2020.11.08 6R	1	4	6	D									
	2	11	2	B									
	3	1	1	A									
東京 芝2000m 2020.11.08 5R	1	1	5	D									
	2	4	2	B									
	3	8	3	C									
東京 芝1800m 2020.11.08 4R	1	13	1	A			短	130④	130②	50	356②	30	348②
	2	8	6	D			延	130④	130②	30	360⑤	50	349④
	3	12	3	C			延	140	140		379	30	346①
東京 芝1400m 2020.11.08 2R	1	18	3	C			同	140	140		372	15	354⑤
	2	17	12	D			同	136	136		369	30	359⑨
	3	10	8	D			同	132	132⑧		363	50	361
東京 芝1400m 2020.11.07 11R	1	6	2	B			延	118①	118①	15	350⑥	15	355
	2	17	9	D			短	127	130	30	357⑨	15	363
	3	16	5	C			同	125⑥	125⑤	30	358	15	355
東京 芝1800m 2020.11.07 10R	1	11	12	D		○	短	130	130④		346①	30	357
	2	1	11	D			延	125④	139		374	15	328①
	3	14	9	D			短	130	131⑥		368	30	334③
東京 芝2000m 2020.11.07 9R	1	12	6	D			延	123②	136	50	359⑥	30	355
	2	6	5	D			延	125⑥	130③	30	350①	50	341④
	3	7	3	B			同	126	127②	50	356④	50	353

血統　系統　国系統　評価順位　騎手調教師

出馬表　コースデータ　傾向速報コース　傾向速報競馬場　結果払戻

永久馬券格言

8

競走馬は走る距離を知らない

過去の経験や記憶が影響する

亀谷　これは当たり前の話ですよね。

藤代　それはそうなんだろうけど、馬が走る距離を知らないとどうなるの?

亀谷　過去の経験や記憶が今走に影響するんです。例えば、前走と同じペースで走ろうとしたりとか。一番わかりやすいのが、新馬戦よりもほとんどの未勝利戦のほうが

テンが速くなることです。馬は一度レースを経験するとテンから出ていくことを自覚するからですよね

藤代　なるほど。

亀谷　だから、1600mに出てくるにしても距離短縮で出てくる場合、距離延長で出てくる場合、同距離で出てくる場合では発揮できるパフォーマンスが変わるということですね。

藤代　馬は「今回は2000mだからゆっくり走ろう」とは思わないもんね。

亀谷　なので、過去の成績を見る場合も、どういうローテーションで力を出せたのかを考えましょうということです。好走時と違うローテーションで出てきたら力を発揮できないかもしれませんから。

藤代　なるほどね。

亀谷　前走短縮で好走した人気馬って期待値が低いんです。前走は短縮だったから走りやすかったので、今回同距離で出てきたら危ない。これは結構使えますよ。

特にダートの短距離って前走着順がいい人気馬の期待値が低いんです。それが前走

短縮だったらさらに危ないので、そのレースは荒れることがほぼ確定するわけですよ。荒れることがわかっていれば高配当を狙えばいいんですから、これを知っているとかなり有利だと思います。

藤代　今回延長ならわかるんだけど、今回同距離でも危険なの？

亀谷　同距離も危険ですよ。前走は短縮で恵まれたんですから。逆に延長が得意な馬は、延長で走った後に同距離で出てきても危ないですよ。

例えば、11月8日の福島12Rで1番人気のプライムが飛んだんですが、この馬は前走延長で勝ったんですよ。で、短縮で出てきて飛びました。

藤代　本当だ。

亀谷　短縮や延長というのはペースの感じ方が変わるんですよ。延長が得意な馬は、前走が速くて今回が緩いほうが走りやすい。短縮が得意な馬は今回が速いほうが走りやすいということです。

藤代　気性が前向きな馬は短縮のほうがいいって言うもんね。

亀谷　で、前走が走りやすくて好走した馬は、今回同距離になったら前走より楽には感じない。だから力を発揮できなくなるんです。コース形態や馬場だけじゃなく、ペースをどう感じるかというのも適性なんですよ。

藤代　これも血統を絡めたらよりわかるんだよね？

亀谷　そうですね。短縮が得意な血統、延長が得意な血統があります。先ほどのプライムの父はダイワメジャーですけど、ダイワメジャー産駒は本質的に短距離での短縮が得意じゃなく、マイル前後でためる競馬のほうが向いているんですよ。

　同じように、キンシャサノキセキ産駒も短距離での短縮、特に先行する競馬は苦手

プライムの戦績

日付	レース名	コース	人気	着順	位置取り
2018/9/16	2歳新馬	中山芝1800良	1	2	2-2-2-2
2018/10/8	2歳未勝利	東京芝1600良	2	3	1-1
2018/10/28	2歳未勝利	新潟芝1400稍	2	1	1-1
2019/10/27	3歳以上1勝クラス	京都ダ1400重	8	13	1-1
2020/2/2	4歳以上1勝クラス	小倉ダ1000重	6	11	14-13
2020/5/23	4歳以上1勝クラス	新潟芝1000良	10	9	2
2020/8/15	3歳以上1勝クラス	小倉ダ1000良	11	2	1-1
2020/9/6	3歳以上1勝クラス	小倉ダ1000稍	2	2	2-2
2020/10/17	3歳以上1勝クラス	新潟ダ1200良	2	1	1-1
2020/11/8	西郷特別(2勝クラス)	福島ダ1150良	1	4	2-2

です。これは結構使えますよ。短縮の人気馬を消すだけじゃなく、短縮で戸惑った後の延長を買うこともできますから。

藤代　よし、覚えておこう！

亀谷　経験によって馬のパフォーマンスが変わると思って競馬を見ると様々な発見がありますよ。馬のキャリアを考えてもそうです。今の日本にはキャリア15戦以内で結果を出すことを目指した血統が多いので、それ以上キャリアを積んでしまうと走れなくなる馬が多いんです。重賞で活躍していた馬が突然走れなくなる例はいくらでもありますよね。

藤代　終わっちゃったってやつね。

亀谷　経験を積むほどスピード寄りになったり。あれも経験や記憶によって発揮できる能力が変わるという例ですね。

永久馬券格言

9

血を育むのは人

同じ血統でも育て方によって違いが出る

亀谷　これは当然、生産者と調教師ですね。同じ血統でも関わる人によって傾向が変わってきますから。例えば、ロードカナロアを育てた安田隆厩舎だとスプリンターやダート寄りの馬になりやすいとか、藤原英厩舎や堀厩舎はディープ産駒が多い割にクラシックの結果が今ひとつとかです。

藤代　え、藤原英厩舎はそうなの？　エイシンフラッシュやエポカドーロがいるからクラシックに強いかと思ってた。

亀谷　欧州血統でキングマンボ系のエイシンフラッシュで凄い瞬発力を引き出せたのは藤原英厩舎だからこそです。でもディープ産駒の場合は今ひとつなんですよね。堀厩舎も同じようにキングマンボ系のドゥラメンテでは皐月賞とダービーを勝ちましたけど、ディープ産駒ではクラシックを勝てていません。この二人は欧州型の

ディープインパクト産駒　GIの調教師別成績

調教師	着別度数	勝率	連対率	複勝率
(栗)池江泰寿	7-7-9-59/82	8.5%	17.1%	28.0%
(栗)藤原英昭	1-6-3-44/54	1.9%	13.0%	18.5%
(栗)友道康夫	6-5-5-36/52	11.5%	21.2%	30.8%
(栗)角居勝彦	2-3-4-41/50	4.0%	10.0%	18.0%
(栗)矢作芳人	6-5-3-18/32	18.8%	34.4%	43.8%
(美)堀宣行	1-2-1-24/28	3.6%	10.7%	14.3%
(栗)石坂正	7-4-3-13/27	25.9%	40.7%	51.9%
(栗)音無秀孝	2-2-3-19/26	7.7%	15.4%	26.9%
(美)藤沢和雄	6-1-2-17/26	23.1%	26.9%	34.6%
(栗)大久保龍志	1-1-2-21/25	4.0%	8.0%	16.0%
(栗)松田博資	3-3-1-18/25	12.0%	24.0%	28.0%
(美)国枝栄	1-5-1-16/23	4.3%	26.1%	30.4%
(栗)中内田充正	2-3-0-16/21	9.5%	23.8%	23.8%

集計期間:2010年1月1日～2020年12月13日

血統で瞬発力を引き出す共通項もあります。

藤代　モーリス、サトノクラウンもそうかな。

亀谷　ダートと芝の勝ち星が極端な厩舎も使いやすいですよ。加藤士津八厩舎とかダートが21勝に対して芝は1勝ですから、ダートの1400m以上に替わったときに狙えますよね。

藤代　厩舎でタイプが違うっていうのはなんとなくわかるけど、牧場でも違いが出るの？

亀谷　同じ血統でも繁殖牝馬や育成の方法によって違いが出るんですよ。一番いい例がステイゴールドです。ラフィアンや非社台の生産馬はタフな馬場で強いタイプに出て、ノーザンファームの生産馬はスピード型で上がり勝負に強いタイプに出るんです。

藤代　そんなことがあるんだね。

亀谷　具体的な馬で言うと、ゴールドシップやウインブライトがステイゴールドのタフさを引き継いだ馬で、オルフェーヴルやインディチャンプがスピード勝負に強くなった馬です。ラフィアンはタフさを強化して、ノーザンはスピードを強化するという

藤原英昭厩舎 GIの父別成績

種牡馬別

種牡馬	着別度数	勝率	連対率	複勝率
ディープインパクト	1-6-3-44/54	1.9%	13.0%	18.5%
King's Best	2-2-3-8/15	13.3%	26.7%	46.7%
アグネスタキオン	0-1-2-9/12	0%	8.3%	25.0%
フジキセキ	4-1-2-3/10	40.0%	50.0%	70.0%
アドマイヤムーン	0-0-2-5/7	0%	0%	28.6%
スペシャルウィーク	0-0-1-5/6	0%	0%	16.7%
シンボリクリスエス	1-0-1-4/6	16.7%	16.7%	33.3%
ダンスインザダーク	0-0-0-5/5	0%	0%	0%
ステイゴールド	0-0-1-4/5	0%	0%	20.0%
ジャングルポケット	0-0-0-5/5	0%	0%	0%
サンデーサイレンス	0-0-1-4/5	0%	0%	20.0%
Scat Daddy	1-0-0-4/5	20.0%	20.0%	20.0%

父の国別

父国	着別度数	勝率	連対率	複勝率
日本型	6-9-12-86/113	5.3%	13.3%	23.9%
欧州型	3-2-5-33/43	7.0%	11.6%	23.3%
米国型	1-0-0-4/5	20.0%	20.0%	20.0%

集計期間:2006年1月1日～2020年12月13日

堀宣行厩舎 GIの父別成績

種牡馬別

種牡馬	着別度数	勝率	連対率	複勝率
ディープインパクト	1- 2- 1-24/28	3.6%	10.7%	14.3%
フジキセキ	2- 3- 1- 9/15	13.3%	33.3%	40.0%
ダンスインザダーク	0- 1- 1-13/15	0%	6.7%	13.3%
ジャングルポケット	1- 0- 1-11/13	7.7%	7.7%	15.4%
Marju	1- 1- 1- 9/12	8.3%	16.7%	25.0%
シンボリクリスエス	1- 1- 0- 9/11	9.1%	18.2%	18.2%
ハーツクライ	1- 2- 0- 4/ 7	14.3%	42.9%	42.9%
スクリーンヒーロー	3- 1- 0- 2/ 6	50.0%	66.7%	66.7%
アドマイヤドン	0- 0- 0- 6/ 6	0%	0%	0%
キングカメハメハ	2- 1- 0- 2/ 5	40.0%	60.0%	60.0%
アグネスタキオン	0- 0- 0- 5/ 5	0%	0%	0%

父の国別

父国	着別度数	勝率	連対率	複勝率
日本型	4- 8- 4-62/78	5.1%	15.4%	20.5%
欧州型	8- 4- 3-43/58	13.8%	20.7%	25.9%
米国型	0- 0- 0-10/10	0%	0%	0%

集計期間:2006年1月1日～2020年12月13日

イメージは、他の種牡馬にも当てはまりますよ。

藤代　へぇ、面白いね。

騎手を重視して馬券を買うのは不利

藤代　亀ちゃんの予想では騎手は重要じゃないの?

亀谷　ルメール騎手が乗っても走れない馬がいるレースとかで勝負しますね。2019年以降重賞以外で「亀谷競馬サロン」の推奨レースに選んだレースでは、ルメール騎手の単勝回収率は60%。水準よりも約20%低い回収率です。

藤代　かなりの確率でルメールが消えてるんだ。

亀谷　ルメール騎手が代わりに走ってくれるわけじゃないんでね。

藤代　そりゃそうだ。

亀谷　先ほども言いましたけど、ボクはそれぞれのファクターがレース結果にどういう影響を与えるかも機械で調べてるんですよ。騎手、調教師、生産者、馬主はいずれもレース結果への影響度は高いんですけど、騎手というのは結果への影響度より人気への影響度のほうが高い。上位騎手は特に。そう考えると、騎手を重視して馬券を買うのは不利なんですよね。

藤代　へぇ。

亀谷　騎手に関することだと「前走で下手に乗られた」というのは重要視しますね。その騎乗のせいで馬が能力を発揮できなかったというのは紛れもない事実ですし、それで人気を落とすなら狙うべきですからね。

永久馬券格言

10

競馬は農業である

目的が変われば品種改良の方向性も変わる

藤代　これ気になってたんだけど、どういう意味なの？

亀谷　農業は、「ニーズ」に対して、最適な「種」を農家が何年もかけて積み重ねるものだと思うんです。たとえばＪＲＡのダービーであるならば、

・３歳の５月後半に体力が完成すること

・初夏に対応できる体質
・東京芝2400mへの適性
・JRAの調教施設、調教師免許を持っている人に適した馬の資質
という「ニーズ」に対して最適な種と育み方のノウハウを何年も積み重ねていく。

ノウハウにも種の改良にも長い時間がかかるわけで、一朝一夕にはできないですよね。目的を持って土を作って種を育んでいく。そして、その育て方にも長い時間をかけてたどり着いたノウハウがあります。また、時代に応じてニーズも変化するので、そのニーズに合うように「種」は改良しなければなりません。

他にも、ニーズに合った作物が、同じ種と農家から出るように、東京芝2400mに強い種も、関わっている人が同じ牧場から出やすいのは、農業ですよね。

藤代　強い馬を作るというのはそれだけ難しいってことだね。

亀谷　美味しい米も美味しいワインも種とノウハウで決まる。特定の条件で強い馬も種とノウハウの影響は大きい。美味しい作物もパッとできるわけじゃなく、品種の方向性を考えながら何年も積み重ねることが大事なんです。

藤代　そういうことか。この格言は馬場の話をしているのかと思った。

亀谷　両方ですね。馬場を作る人たちも農業じゃないですか。ＪＲＡは芝の改良をしてエクイターフという強靭な根を持つ芝を作りました。今までにないほど耐久度が高い馬場作りも農業ですよね。20年近く前は、今よりも一部のファンや記者に高速馬場を批判されましたが、ボクはその批判には否定的でした。安定してスピードが出る馬場のほうが種の選別には適しているからです。安定してスピードを出せる芝馬場が種や繁殖の選別に適していることは、日本の種、繁殖が世界トップクラスに育ったことで証明されたのではないでしょうか。

藤代　そうか、馬場が変われば、その馬場にあったように品種を変えるわけか。

亀谷　はい。欧州の馬場、気候、番組体系、欧州の調教師の育て方に向いた強い馬を作るのか？　米国の馬場、気候、番組体系、米国の調教師の育て方で強い馬を作るのか？　日本の馬場、気候、番組体系、トレセンや育成牧場に向いた強い馬を作るのか？　目的がそれぞれ違うので品種改良の方向性も変わってくるわけです。

藤代　なるほど。それが「能力の方向性は一定じゃない」につながるわけだね。

永久

馬券格言

第2章

永久馬券格言
11

5つのパターンを観察すれば馬場のクセが見えてくる

同じ馬柱パターンの馬がまとめて走ったら注意!

藤代　この「5つの馬柱のパターン」はタメになったね。

亀谷　これは馬場読みの基本です。馬場傾向を読むためにも大事です。

藤代　もう一度説明してもらっていい?

亀谷　わかりました。傾向を読む上で注目すべき「特定の馬柱のパターン」は、ざっくり5パターンにまとめることができるんです。それが「前走距離」「上がり順位」「先行経験」「枠順」「芝・ダート替わり」です。

【前走距離】

亀谷　まず、前走の距離と今回の距離を比較して、短くなったか（短縮）長くなったか（延長）です。当たり前の話なんですけど、距離短縮と距離延長と同距離の中では、同距離が一番有利なんですよ。やっぱり安定してますし。

藤代　え、そうなの⁉

亀谷　年間で見ると、同距離のほうが期待値が高いんですよ。特にマイルは、前走同

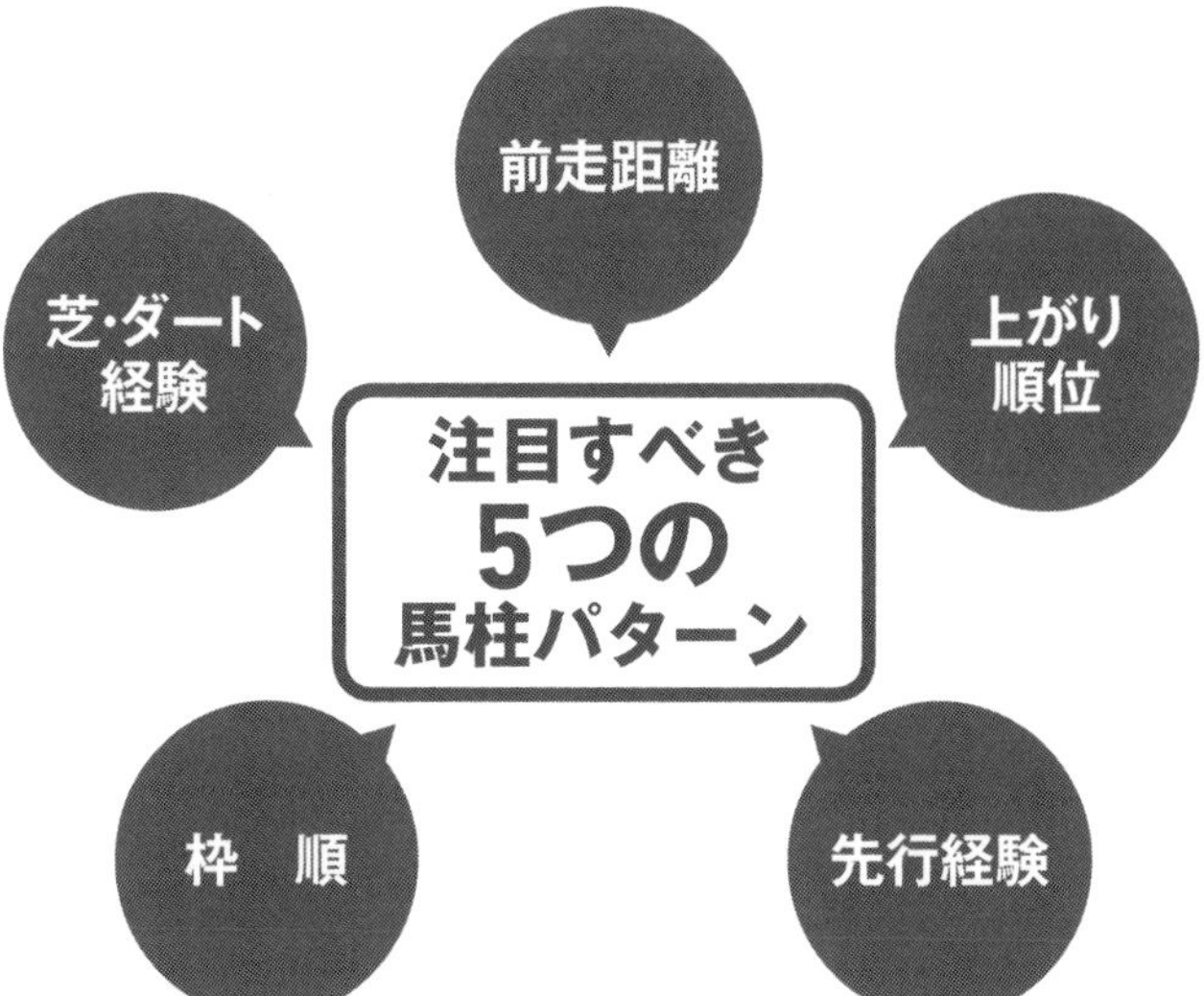

距離の期待値が最も高いんです。

藤代 短縮が一番儲かるんじゃないの!?

亀谷 短縮は、人気薄が突っ込むので派手ですが、年間通じて買い続けたらまず負けます。その傾向は年々強くなっていますね。さっきも言いましたように、ハマりそうな馬場、コースを探して、ピンポイントで狙えば儲かるということです。それが「特定の馬柱のパターン」のバイアスを見るということです。

藤代 同じ日や同じ週の競馬場で好走している馬の前走を見るってことだよね。

亀谷 スマート出馬表の「傾向速報」を見れば、1～3着馬が短縮だったのか、延長だったのか、同距離だったのかが一目でわかりますよ。

例えば、エプソムカップの日(2020年6月14日)の東京芝はドボドボの道悪で相当タフな馬場で大波乱が続出しました。

芝2000mの4Rで前走2200mを使っていたラッキービープランが13番人気で2着。3連単は142万馬券。

芝1600mの8Rは前走1800mを使っていたモデレイトが14番人気で1着。

スマート出馬表の「傾向速報・評価順位」画面
2020年6月14日　東京芝

場所　トラック 日付　R	着	馬番	人気	人ラ	異種 経	異種 実	ロ	ア 逃4	馬名
東京　芝1800m 2020.06.14 11R	1	6	9	D			短	[illegible]	ダイワキャグニー
	2	1	5	C			同	[illegible]	ソーグリッタリング
	3	18	18	E			延	[illegible]	トーラスジェミニ
東京　芝1600m 2020.06.14 10R	1	5	2	B			短	[illegible]	サトノフウジン
	2	7	1	B			同	[illegible]	クロノメーター
	3	9	7	D	○	○	短	[illegible]	ハイアーグラウンド
東京　芝1600m 2020.06.14 8R	1	7	14	E			短	[illegible]	モデレイト
	2	1	1	B			同	[illegible]	ジーナスイート
	3	5	8	E			短	[illegible]	サナチャン
東京　芝1800m 2020.06.14 5R	1	1	4	D				1	ユーバーレーベン
	2	10	2	B				[illegible]	グアドループ
	3	3	10	E				[illegible]	モンサンラディウス
東京　芝2000m 2020.06.14 4R	1	16	9	D	○	○	延	[illegible]	ビートザウイングス
	2	10	13	E	○		短	[illegible]	ラッキービープラン
	3	4	2	C			延	[illegible]	コトブキテティス
東京　芝1400m 2020.06.14 2R	1	10	2	B			短	[illegible]	フォワードアゲン
	2	12	6	C			同	[illegible]	フィオーレカフェ
	3	1	7	D			延	[illegible]	レオハイセンス

「ロ」の列を見ると、「短」が人気薄で走っていることがわかる。

8番人気3着のサナチャンも前走1800mを使っていた馬。距離短縮の人気薄が2頭絡んで3連単は162万馬券。

メインレースのエプソムカップでも9番人気1着のダイワキャグニーが前走2000mを使っていたように、距離短縮の人気薄が穴を連発した日でした。

【上がり順位】

亀谷　過去のレースの上がり3ハロンが、そのメンバーの中で何位だったのかを見ます。ボクは、近2走以内に上がり5位以内があるかどうかを注目するようにしています。極端なときには2位以内に注目するときもあります。

藤代　近走で上がり上位だった馬ばかりが好走する馬場があるんだね。

亀谷　中山の芝などでは「東京で上がり上位だったけど着順が悪かった馬」がよく走るバイアスがあります。そういう馬が届くということは、馬場的にはスタミナが要求されているわけです。

藤代　なるほど。でも、これは新聞では見られない情報なんだよね。

亀谷　だからおいしいとも言えます。データの信頼度も高く、馬券につながることは証明されているんですよ。

ただし、上がり順位の価値は（出現率）はクラスによって変わります。そこを同じ価値にしたのが上がりパターン（上がりP）です。例えば、上がりP15の出現率はどのクラスでも年間で15％程度に収束するんです。上がり順位をひとつひとつ確認するのが面倒な方は、こちらを参考にしてもらえればいいですね。

藤代　上がりPは便利だよね。

亀谷　2020年11月28日、29日の週の阪神ダートは近走で上位の上がりを出している馬に有利でした。上がりPで30以内を経験していた馬は以下のような成績。

［7－3－4－27／41］
勝率17・1％　連対率24・4％　複勝率34・1％
単勝回収率421％　複勝回収率128％

スマート出馬表の「傾向速報・評価順位」画面
2020年11月28日～29日　阪神ダート

場所　トラック 日付　R	着	馬番	人気	人ラ	上がり P	上がり T	馬名
阪神　ダ2000m 2020.11.29 11R	1	14	7	D	15		ハナズレジェンド
	2	13	12	E	50	362④	メイショウエイコウ
	3	9	2	B	30	366⑦	ダノンスプレンダー
阪神　ダ1800m 2020.11.29 8R	1	5	10	D	15	373	アサカディスタンス
	2	10	6	D	15	370②	キャノンバローズ
	3	3	4	C	30	376	ブルーコンパクタ
阪神　ダ1400m 2020.11.29 4R	1	2	8	E		375	イルミネーター
	2	8	1	B		370⑧	メイショウマサヒメ
	3	4	4	D		366③	ポンペイワーム
阪神　ダ1800m 2020.11.29 3R	1	1	5	D			タイセイヴィーナス
	2	2	3	C			ヒロノクイーン
	3	6	1	B			インテグラルシチー
阪神　ダ1400m 2020.11.29 1R	1	14	1	B	15	372③	メディーヴァル
	2	15	2	B	50	385⑤	スマッシャー
	3	13	10	D		437	コンヴェクトル
阪神　ダ2000m 2020.11.28 10R	1	10	13	E	15	362④	メイショウマトイ
	2	14	1	B	30	359②	ヴォウジラール
	3	5	3	B	15	372	メイショウダジン
阪神　ダ1200m 2020.11.28 8R	1	12	1	B	15	351①	ゴッドバンブルビー
	2	4	10	E	30	361③	オンリーワンスター
	3	14	5	C	50	366	トモジャドット
阪神　ダ1800m 2020.11.28 7R	1	13	5	D	15	368③	メイショウヨカゼ
	2	3	1	A	50	362①	ミッキーメテオ
	2	10	6	C	50	377	レッドレビン
阪神　ダ1200m 2020.11.28 3R	1	1	1	A	15	368①	エナジーロッソ
	2	2	2	A	50	387⑤	メイショウヒューマ
	3	6	9	D		392	サウンドブライアン
阪神　ダ1800m 2020.11.28 1R	1	10	3	C	50	370①	フランスゴデイナ
	2	11	6	D			エマージングロール
	3	9	4	C	15	382④	ビシャモンテン

「上がりP」の列を見ると、「15」「30」が人気薄で走っていることがわかる。

土曜10Rの竹田城ステークスは上がりP30以内の経験馬が1～3着を独占。
日曜の8Rでも上がりP30以内の経験馬が1～3着を独占。
日曜のメインレースでも7番人気1着のハナズレジェンドと3着のダノンスプレンダーが上がりP30以内を経験していました。

【先行経験】

亀谷　近走で先行した経験が必要で、先行経験をしていない人気馬が次々と飛ぶ馬場があります。

藤代　これはわかりやすい。前残り馬場ってことだよね。

亀谷　必ずしもレースが前残りとは限りません。前に行く追走を「経験」しているかどうか?が重要なんです。

前に行くかどうか?は予測できないこともありますが、近走で先行していた経験は100%わかりますから。

近走で前に行った馬が来るバイアスというのは、さっきのスタミナが要求される馬場と逆で、スピードや気性の前向きさを持っている馬が有利になります。こちらもスマート出馬表の「テンパターン（テンＰ）」「テンタイム（テンＴ）」を見ると便利です。

例を挙げると、２０２０年３月20日、21日、22日の週の阪神芝は近走で先行している馬に有利でした。

20日の９Ｒではテン P15を経験していたヒバリが10番人気２着。テンＰ30を経験していたグランマリアージュが３着。

20日の11Ｒではテン P15を経験していたミスディレクション、シャイニーゲールでワンツー。テンＰ30を経験していたバラックパリンカが３着。４着のローズテソーロもテンＰ30。４頭しかいなかったテンＰ30以内が上位を独占。

22日の３Ｒではメンバー中で唯一テンＰ15を経験していたジューンアクアが７番人気２着。テンＰ30以内を経験していたラフマニノフが12番人気３着という結果になりました。

スマート出馬表の「傾向速報・評価順位」画面
2020年3月20日～22日　阪神芝

場所　トラック 日付　R	着	馬番	人気	人ラ		テン P	テン T	上がり P	上がり T	CR	シェア ダ	シェア 14	馬名
阪神　芝3000m 2020.03.22 11R	1	10	2	C	⑤		361②	30	338③	4	3	2	ユーキャンスマイル
	2	4	5	D	①		381	15	327①	1	1	1	トーセンカンビーナ
	3	6	4	C			375	15	352	1	1	1	メイショウテンゲン
阪神　芝1800m 2020.03.22 9R	1	8	7	D			360③		364		7	7	メイショウモウコ
	2	3	1	B	③	50	354①	15	342④	1	1	1	ティグラーシャ
	3	7	3	B	①	15	366		345	30	1	3	ショウナンバルディ
阪神　芝1600m 2020.03.22 8R	1	7	1	A			365	15	339④	6	2	1	ナンヨープランタン
	2	2	3	D	③	15	356③	50	343⑤	6	2	1	アーデンフォレスト
	3	4	2	B	①	15	356③	30	334②	14	4	2	マルモネオフォース
阪神　芝2000m 2020.03.22 5R	1	2	3	C	①	15	363②	50	380	2	2	1	プリマヴィスタ
	2	4	1	A	⑤	50	369	15	340①	16	1	1	ナリタアレス
	3	11	5	C	⑤		367⑥	50	352⑥	5	3	1	リーガルバローズ
阪神　芝1400m 2020.03.22 3R	1	2	3	C						1	2	5	グッドアズゴールド
	2	1	7	D	①	15	368		398		6	4	ジューンアクア
	3	8	12	D	①	30	353③		373	1	2	4	ラフマニノフ
阪神　芝2000m 2020.03.21 11R	1	1	1	B	⑤	15	370	30	353	1	1	1	アドマイヤビルゴ
	2	12	10	D	②	50	370		387	13	2	3	キメラヴェリテ
	3	7	2	A	⑤	30	354③	50	337①		8	3	アメリカンシード
阪神　芝1200m 2020.03.21 10R	1	12	6	D		15	357		348		2	3	ナムラムツゴロー
	2	11	4	D	①	30	343①		345	11	4	5	トンボイ
	3	9	5	C	③		344②		351		1	1	ウォーターエデン
阪神　芝2200m 2020.03.21 6R	1	3	1	B	⑤	30	385	30	336①		2	3	ルリアン
	2	10	6	D	②	30	363②		348④	1	1	1	ウィズダイヤモンズ
	3	8	7	D			372⑥	30	345③		1	1	コスモジェミラ
阪神　芝1600m 2020.03.21 5R	1	6	1	B	⑧	15	385	50	358⑦	1	1	1	スマートクラージュ
	2	4	3	C		50	359④	50	345①		3	6	ユピテルルークス
	3	5	9	D						6	2	1	カレンシュトラウス
阪神　芝2200m 2020.03.20 11R	1	4	5	D	①	15	350②		341②		1	1	ミスディレクション
	2	5	4	D	⑤	15	347①		359	4	3	2	シャイニーゲール
	3	2	2	B	②	30	364④	50	345⑤		2	3	バラックパリンカ
阪神　芝1200m 2020.03.20 9R	1	1	2	D			362	50	340①	2	2	4	カバジェーロ
	2	5	10	D	②	15	346①	50	367		1	1	ヒバリ
	3	12	1	B		30	358	50	351⑤	18	5	8	グランマリアージュ
阪神　芝2400m 2020.03.20 8R	1	8	1	A	③	50	356①	15	345②	1	1	1	マイスターシャーレ
	2	2	4	C			381		337①	13	2	3	レッドエンヴィー
	3	1	5	C		30	375	30	353③		2	5	エスピリトゥオーゾ
阪神　芝1800m 2020.03.20 6R	1	8	1	B	④	50	377	15	349⑧	9	2	1	フアナ
	2	6	2	C		15	356①	30	339③	3	2	1	ラルナブリラーレ
	3	4	4	C			374⑦	15	344⑥	16	1	1	ムジカ

「テン P」の列を見ると、「15」「30」が人気薄で走っていることがわかる。

【枠順】

亀谷　これはシンプルに枠順の有利不利です。6番より内や7～8枠が有利になっていないかどうかを見ます。

例えば、2020年7月25日の新潟ダ1200mは6番より内の内枠が有利な傾向がありました。

3Rは6番のプレシャスガールが6番人気1着。5番のショシカンテツが13番人気2着。

6Rは1番のラストリージョが8番人気1着。3番のサトノアポロンが2着。2番のイルデレーヴが3着。

11Rでは3番のメイショウギガースが9番人気1着。6番のスナークスターが7番人気2着。2番のプレシャスルージュが8番人気3着。

この日、馬券になった9頭中8頭が6番より内でした。

藤代　ものすごく顕著だね。

亀谷　あと、前走で不利な枠に入って負けた馬が、今回有利な枠に入るパターンが最

スマート出馬表の「傾向速報・評価順位」画面
2020年7月25日　新潟ダート

場所　トラック 日付　R	着	馬番	人気	人ラ	異種 経	異種 実	ロ		ア 4	馬名
新潟　ダ1200m 2020.07.25 11R	1	3	9	D	○		短	1	7	メイショウギガース
	2	6	7	D			同	1	2	スナークスター
	3	2	8	E	○			1	2	プレシャスルージュ
新潟　ダ1800m 2020.07.25 8R	1	12	2	B			同	1	5	フレイムウィングス
	2	1	3	C			同	1	2	タガノカリュウド
	3	6	4	C			同	1	3	トゥルブレンシア
新潟　ダ1200m 2020.07.25 6R	1	1	8	D					4	ラストリージョ
	2	3	3	C					7	サトノアポロン
	3	2	2	C					8	イルデレーヴ
新潟　ダ1800m 2020.07.25 4R	1	10	4	D			同	1	1	ベルダーイメル
	2	12	5	C			同	1	3	スズカゴウケツ
	3	4	2	C			同	1	4	ルドンカズマ
新潟　ダ1200m 2020.07.25 3R	1	6	6	D			短	1	8	プレシャスガール
	2	5	13	E			同	1	6	ショシカンテツ
	3	15	3	C			延	1	7	ピュアプリンセス

「馬番」の列を見ると、ダート1200mは6番よりも内が有利だとわかる。

高です。

藤代　前走で枠が不利だったかどうかって調べるの大変じゃない？

亀谷　スマート出馬表には「双馬メモ」「馬場メモ（TB）」があって、各馬の過去5走での不利を記録しています。前走の欄に「枠」と書いてあれば、前走は不利な枠に入っていたということです。

藤代　それはすごく便利だね。

亀谷　お二人とも、レース分析の積み重ねで大金を稼いでいますからね。ボクの考えに賛同してくださって、今は(笑)無料で公開してくれてるのも本当に素晴らしいですし、ありがたいですよ。

藤代　無料で見られるのはありがたいね！

亀谷　例えば、2020年5月3日の福島芝は7～8枠の外枠が有利で、この日の勝ち馬6頭中5頭が7～8枠。残りの1頭も6枠。6レースのうち5レースで8枠の馬が馬券に絡んだんですが、5Rのマテラシオン（7番人気1着）の前走はTB「外」で1枠2番、10Rのホウオウエーデル（2番人気1着）の前走はTB「内」で6枠10番に

スマート出馬表の「傾向速報・評価順位」画面
2020年5月3日　福島芝

場所　トラック 日付　R	着	馬番	人気	人ラ	異種 経	異種 実	ロ	逃	ア 4	馬名
福島　芝1200m 2020.05.03 11R	1	14	10	D			同	1	6	アリンナ
	2	10	15	E			同	1	3	アンブロジオ
	3	15	4	D			同	1	6	メイショウカリン
福島　芝2000m 2020.05.03 10R	1	8	2	B			同	1	3	ホウオウエーデル
	2	9	1	B			同	1	1	ブレーヴユニコーン
	3	4	6	D			延	1	2	ミチビキ
福島　芝1200m 2020.05.03 8R	1	13	2	C	○	○	同	1	6	ブラッディムーン
	2	8	7	D			同	1	5	ミヤコローズ
	3	16	14	E			同	1	8	トランプ
福島　芝2600m 2020.05.03 6R	1	11	7	D			延	1	1	ナムアミダブツ
	2	9	3	C			延	13	2	パーディシャー
	3	10	1	B		○	同	1	4	ザフーン
福島　芝1200m 2020.05.03 5R	1	15	7	D			同	1	3	マテラシオン
	2	4	2	C		○	短	1	7	オウケンラブキセキ
	3	12	3	C			同	1	5	ハーディン
福島　芝1800m 2020.05.03 2R	1	15	2	B			短	1	3	マイネルラクスマン
	2	9	3	C			同	1	4	スーパーフライヤー
	3	16	8	D					3	ボンバーミューラー

スマート出馬表の「出馬表・過去5走」画面

福島　5R　3歳未勝利
3日 12:05 芝1200　晴　良　　全確定　データ更新

馬番↑	性齢	推人	人ラ	単勝	印	前走体重	前走 レース	前走 双馬メモ	前走 TB	前走 評価
15 マテラ	マテラシオン 牝3	6	D	18.6⑦		424	7 0.3　小倉20/02/16 18頭12人 3歳未勝利 芝1200 1:12.7①36.2 ○○⑱⑯		外差	B

福島　10R　伊達特別
3日 14:40 芝2000　晴　良　　全確定　データ更新

馬番↑	性齢	推人	人ラ	単勝	印	前走体重	前走 レース	前走 双馬メモ	前走 TB	前走 評価
8 ホウオ	ホウオウエーデル 牡4	2	B	2.9②		482	13 2.7　福島20/04/18 14頭01人 4歳上1勝クラス 芝2000 2:06.6⑩38.6 ⑪⑫⑫⑬	ローテ	内	B

入って負けていました。

【芝・ダート経験】

亀谷　芝レースでは近2走内にダート出走経験、ダートレースでは近2走内に芝出走経験があるかどうかを見ます。

藤代　これは僕もよく見てるよ。

亀谷　結構偏りが出ますよね。力がいる芝になると近走でダートを使った馬ばかり走りますし、軽いダートでは近走芝を使った馬が圧倒的に有利になります。スマート出馬表では「異種」の欄を見てください。「経」に◯がついているのは近2走以内に異種経験がある馬、「実」に◯がついているのは今回出走するクラスと同じクラスの異種戦で5着以内か、下のクラスの異種戦で1着経験がある馬です。

藤代　とにかく、この5つのパターンに注目して、同じ馬柱パターンの仲間を買うという発想だね。

亀谷　そうですね。慣れてくれば、短縮の中でも「先行経験馬」とか複合技もできると思います。

永久馬券格言
12

同じ要素で恵まれる馬を2頭目に選ぶ

荒れるレースほど同じタイプが上位を独占する

藤代　これは僕が「穴で面白い馬を1頭見つけた場合に、2列目に何を選んでいいかわからない」と質問したときの格言だよね。

亀谷　そうですね。荒れるレースほど、似たようなファクターで恵まれる馬が上位を独占しやすい傾向があるんです。いわゆる「前残り」とか「ズブズブ（追い込み有利）」

をさらに発展させたバイアスですね。

もう20年以上言ってますが、荒れるレースほど同じ系統や同じタイプの種牡馬が上位を独占します。だから、相手に同じ種牡馬の産駒を選ぶことが有効ということです。恵まれるときは一緒に恵まれますからね。

藤代　これを聞いてから、同じ種牡馬をまとめて買って、何度か高配当を獲らせてもらったよ。今も困ったときは同じ種牡馬を買ってる。

亀谷　同じ血統もまとめて来るし、短縮もまとめて来ます。同じ要素で恵まれればどちらも来るわけです。内枠ボックスを買うというのだって考え方は同じですよね。だから、「特定の馬柱のパターン」の人気薄が同じ日や、同じレースでまとめて走ることも多いんですよ。

藤代　該当馬が多くてどれを買ったらいいかわからない場合はどうすればいいの?

亀谷　基本は未知の魅力がより高いほうを重視します。同じ条件でのキャリアが浅い馬、前走で不利を受けて能力を発揮できなかった馬を狙います。

例えば、ローカルのレースの予想をする場合、中央4場で走っている馬と凡走している馬だったら、凡走しているほうを選ぶようにしています。

藤代　なるほどね。

亀谷　理論該当馬に限らず、血統というのは馬柱ではわからない能力を推測できるので、底を見せていない馬を買うほうがいいです。

血統が新馬戦でよく当たるのは、全馬が底を見せていないからですし、菊花賞に強いというのもそういうことです。ほぼ全馬が3000mが初めてなんですから。

永久馬券格言13

人気馬が飛びそうなレースに参加する

危険な1番人気がわかれば、買うべき穴馬もわかる

藤代　これもすごくタメになる格言だよね。発想の転換だった。穴馬券を獲るためには人気馬から見なきゃいけないんだと。

亀谷　例えば、複勝10倍を当てる方法は2パターンあって、ひとつはスマート出馬表で「人気ランクE」と書いてあるような超人気薄を買うことです。だいたい複勝10倍

人気馬が飛びそうなレースに参加する

つくんですが、これだとすごく難易度が高い。もうひとつはもっと簡単な方法で、断然人気が消えるレースを選ぶということです。

藤代　複勝の上限に近い部分で当てるってことだよね。

亀谷　たまーにですが、単勝15倍で複勝10倍ということもありますからね。

藤代　それはおいしいよね。逆に1番人気が来ちゃうと、せっかく穴馬を本命にしたのに安い配当になるもんね。

亀谷　実は、断然人気が消えるのと人気薄が来るというのはセットで、断然人気が消えた場合は、その裏をついた人気薄が来やすいんですよ。

藤代　血統だったら主流と反主流、馬柱のパターンだったら内枠と外枠、短縮と延長、上がり順位とテン順位ってことだよね。つまり、危険な1番人気がわかれば、買うべき穴馬もわかると。

亀谷　それが基本です。

藤代　やっぱり競馬は1番人気が飛ぶレースに参加しないとダメってことだね。

亀谷　それにつきますよね。ちなみにボクが公開している勝負レースは本命からの3

連複総流しのほうが複勝よりも回収率が上です。それは、人気馬が消えるレースを積極的に選び続けているからなんですよ。

藤代　10レース中何回消せればいいの？

亀谷　10回中4回消したいですね。1番人気は1回しか消えなくて、そのときにタマタマ当たるのは理論上マグレです。1番人気が5回消えたけど、馬券は1つも当たらなかったほうが、理論的には将来プラスになる可能性を秘めていますよ。

永久馬券格言
14

2倍の馬を買える理論より消せる理論のほうが有利

選択肢の難易度が上がるほど、獲得金額が増える

亀谷　「単勝2倍を買える理論」と「単勝2倍を消せる理論」なら、馬券的には「単勝2倍を消せる理論」を持っているほうが絶対に有利です。理論としての破壊力が上なので。

藤代　そうなの？　2倍が確実に当たるならそっちのほうが良くない？　消せたとして

も当たるかどうかわからないじゃん。

亀谷　例えば、2倍の馬を買うというのは「2倍が勝ちます。以上ゲーム終了」なんですよ。

でも、逆張りの場合、「2倍が負けます」から始まって、さらに他の馬を選ぶゲームが始まる。もちろん、他の馬の単勝を買い占めて勝つ方法もあるし、さらに絞って回収の最大化を狙うステージのゲームに進むこともできる。

競馬というゲームは選択肢の難易度が上がるほど、獲得金額が増えるゲーム。つまり「2倍が勝つ」レースの上限期待値は2倍。だけど、そうでないレースは、上限が100倍の可能性だってある。

藤代　なるほどね。

亀谷　だから1番人気が消えそうなレースを選ぶ技術は、競馬で儲けるために重要なんです。

藤代　それ、知っている人は少ないと思うよ。

亀谷　競馬に参加する人っていうのは、大きく分けて2つ宗派（笑）があると思うんですよ。ひとつはお気に入りの馬がいてその馬が出ているレースを買いたい人。もうひとつは買いたいレースのイメージがあって「こういうパターンのレースを買いたい」という人。

藤代　ボクは「馬で買う」よりも「レースパターンで買う」という考え方ですかね。

亀谷　いや、亀ちゃん、宗派は2つじゃなく3つだよ。圧倒的多数の大衆は3つめ。「とりあえず目の前のレースを買ってみようって人（笑）」。時には1番人気を買い、時には1番人気を消す。気分で買ってる人が圧倒的に多いと思う。

亀谷　なるほど（笑）、方針なんてそもそもないと。今日は暇だから競馬場で全レースやろうとか、今日は寝過ごしたから午後からだとか、そういうことなんですね。確かに「方針がない」第3の派が圧倒的かもしれませんね。

藤代　つまり「目の前のレースをなんとなく買う」のではなく「馬で買う」「レースパターンで買う」目的意識が大事なんだね。

亀谷　当たり前の話だとも思いますが、そういうことですよね。

永久馬券格言 15

競馬は決して取り返そうとしてはいけない

競馬は、オッズと確率がイコールではない

藤代　この格言は胸に刺さったよ。取り返そうと思うと賭け金が倍になって、余計にやられるんだよ。

亀谷　まずは一定のフォームでちょくちょく高配当を拾いながら、チャラで競馬をすることを目指す。それができれば、大勝ちできる日に一気にプラスが上積みされます

から。だから「競馬は続けられることが重要」といつも自分に言い聞かせるように話していますw(笑)。

競馬は、続けてさえいれば大波に乗れる日が来る。そのビッグウェーヴに常に乗るつもりで参加し続けることが重要なんです。

藤代 勝つときっていうのは面白いように勝てるもんね。

亀谷 競馬って必ずしもオッズが確率通りではないですよね。例えば、単勝2倍の馬でも実は故障している馬だったら、絶対に負けるわけだから。10回走っても10回とも負ける。こんな例が無数にあるゲームだから、オッズと確率がイコールではない。むしろオッズと確率が完全にイコールのレースのほうが少ない。

でも、特定の血を持った馬がオッズが推定する確率よりも走りやすい馬場もあるでしょう? そういうときは固め打ちができます。だから、競馬はオッズ以上の確率の賭けができるゲームなんだ…とボクは強く信じてるんです。

藤代 問題は、年に数回しかない大勝ちの日を待てないことなんだよね。待てずにダラダラとマイナスを積み重ねちゃうんだよ。

亀谷　そうなんです。大波に乗る前に金額を倍にしたりして「取り返そう」と思ってはダメなんです。「必ずビッグウェーブが来る」と毎週信じていないと、いざビッグウェーブが来たときに泡食って波に乗れなくなってしまいますから。いつも大波に乗るつもりで待ってないと。

藤代　大波を待って、来たときは攻めればいいんだね。

亀谷　馬場傾向がはっきり見えたら、儲かったお金をさらに投資する。それでお金を増やしていくわけです。でも、そこで全部コロガシたらダメですよ。

　競馬の基本というのはコロガシです。コロガシとは複利ですね。いわゆる「ケリー基準」と呼ばれる賭け方も、期待値101％以上の買い目を1レースで全財産突っ込むのではなく、破産するリスクを抑えながら効率的に転がす複利の考え方ですから。

永久馬券格言
16

馬を選ぶときにオッズは見るな

買い物と同じで、値段は選んだ後に見る

藤代　この格言は身にしみた。

亀谷　オッズは大事です。でも、オッズを見て予想するのではなく、予想をした後にオッズを見るということです。

オッズは株で言えば株価みたいなものです。要するに、買い物ですよ。イイモノを買うときに値段は最後に見ませんか？「安いから買おう」なんてモノはたいていダメなモノです。オッズに合わせて買う馬を選ぶということは、値段を先に見てダメなモノを買うのと同じなんです。

藤代 買うときに値段にごまかされるな、ということだよね。

亀谷 オッズは馬の強さではなく「馬券の価値」を判断するためのツールです。もちろん、人気馬は「大金を使う価値がある」と多くの人に思われてるから、強い馬である確率は高いんですけど、馬券を買い込まれたからと言って馬が強くなるわけではありません。だから、馬券で勝つには「オッズ以上の価値がある馬」を買い続ける必要があるんです。自分が思ったよりもオッズが安かったら買わなければいいだけです。

藤代 それがなかなか難しいんだよね。

亀谷 ボクはオッズも先に読んでいるので、結果的に高配当を獲れる理論で予想しています。つまり、全レースを予想した上で、配当妙味が伴うレースだけ参加するんです。

藤代 予想したら買いたくなっちゃうんだよなぁ。

亀谷 例えば、51％以上の確率で馬券になると予想します。そこで予想は終わりじゃないんです。「その馬は2倍以上つくだろう」ここまでが予想です。ボクはオッズを読むのも予想だと思っていますから。

ちなみに、スマート出馬表で公開している推定人気順位は80％以上の確率で、当日の人気順位が当たりますよ。

藤代　亀ちゃんと出会う前に莫大なお金を損したのは、根本的にここにあった。僕は予想をする前にオッズを見てたんだよ。オッズを見るのが楽しくてしょうがなかった。これいくらになるんだろうって。だから今は自分に言い聞かせてる。「その楽しさを捨てなさい。その楽しさは幻想だから」って。

亀谷　そこまで感心することではないと思いますが（笑）。

永久馬券格言 17

予想ファクターの価値は的中率で見る

人気別に的中率を見るとわかる

藤代　これは何だっけ？　忘れちゃったな。

亀谷　優秀な予想ファクターを見つけようとする場合、回収率ではなく、的中率を重視したほうがいいという話ですね。

藤代　え？　本当に？

永久 馬券格言 17

予想ファクターの価値は的中率で見る

亀谷　競馬には結果に結びつくファクターが色々とあるんですけど、勝つためには「的中への関連性」が高いけど、「オッズへの関連性」が低いというファクターを見つければいいんです。
　つまり、今までにない発想で的中関連度の高いファクターを本当に見つけた場合、結果としてオッズには反映されませんから、おいしい馬券を買えるんです。

藤代　でも、それって回収率が高いってことなんじゃないの？

亀谷　単純な回収率だと、100倍の馬が1頭入っただけで跳ね上がっている場合もあります。そういうデータは将来的にプラスにならないことが多いんです。

藤代　じゃあ、どうすればいいの？

亀谷　比較的簡単な分析手法は、人気別に的中率を見ることです。この血統はこの人気ゾーンでは平均値を上回る、この騎手はこの人気ゾーンで平均値を上回るとか。予想ファクターの価値というのはそういうふうに見るんです。
　ボクはまず人気別的中率のグラフを作って、そこに各種牡馬の人気別的中率のグラフを重ねていました。そして、ほとんどの人気ゾーンで平均値を上回っていれば、買えるということです。

藤代 そうか！ そういうファクターは間違いなく優秀と言えるし、再現性も高そうだね。

亀谷 はい。だから、ボクは種牡馬の価値を見るときは回収率だけを重視しないんです。そもそも血統は的中への関連度が高い割に、人気への関連度は低いファクターですから的中を追求したほうがいい。

藤代 僕は今まで回収率のほうが大事じゃんと思ってたけど、そうじゃなかったんだね。

亀谷 的中と人気への関連度を分析することで、結果的に回収率が上がるということです。なのでボクは、人気への関連度は低いけれども、的中への関連度が高いファクターをを蓄積しておいて、その中から本命を選んでいます。今だったら母父ディープインパクトの成績は半端なくすごいですよ。特に2歳戦の芝とか。

藤代 本当かよ！

亀谷 父ディープは人気になりますけど、母父ディープが良いというのはあまり知ら

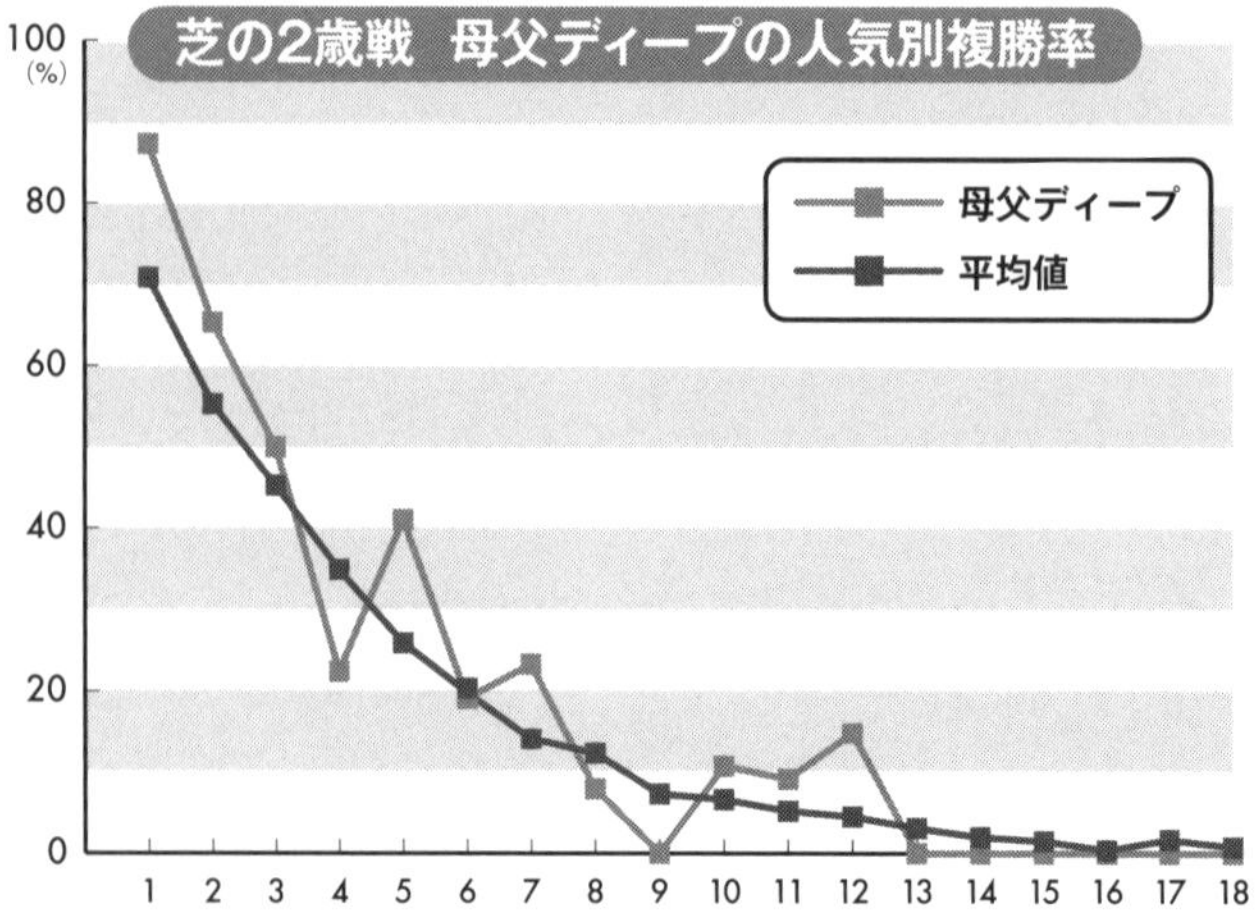

2014年1月1日〜2020年12月13日

母父サウスヴィグラス　体重別のダート成績

馬体重	着別度数	勝率	連対率	複勝率	単回収	複回収
439kgキロ以下	7- 5- 5- 55/ 72	9.7%	16.7%	23.6%	81	118
440〜459kg	5- 13- 14-120/152	3.3%	11.8%	21.1%	23	103
460〜479kg	14- 12- 11-117/154	9.1%	16.9%	24.0%	103	87
480〜499kg	12- 13- 13-103/141	8.5%	17.7%	27.0%	222	104
500キロ以上	6- 2- 3- 45/ 56	10.7%	14.3%	19.6%	131	67

集計期間:2012年9月8日〜2020年12月13日

れてないですよね。

藤代　へぇ。

亀谷　ダートの母父サウスヴィグラスもそうですよね。母父サウスヴィグラスがすごいのは、馬体が小さくても走るんですよ。それだけ能力が高いんでしょうね。

藤代　母父って盲点になってるんだね。

亀谷　母父と母母父は「的中への関連性」が高いですし、父より「人気への関連性」が低いですから。

藤代　「母父と母母父に注目せよ」という格言もいいかもね。

単勝と複勝で狙うべき人気ゾーンが変わる

亀谷　人気別的中率を使う場合、単勝か複勝かによって手頃な人気ゾーンは違うかもしれません。

藤代　どういうこと？

亀谷　例えば、3～4番人気の平均勝率10～15％を20％以上まで上げるファクターを見つけるのは簡単ですが、3～4番人気の平均複勝率35～40％を50％以上に上げるのは難しいんです。結果的に、単勝と複勝では的中率を上げやすい人気ゾーンが違ってくるんです。

藤代　へぇー。

亀谷　ボクは、昔は7番人気以下の複勝的中率を上げることに凝っていたんですけど、最近は3～4番人気の単勝や馬連的中率を上げるファクターに凝ってみようかと。

藤代　難易度としては、3～4番人気の単勝的中率を10％上げるのと、人気薄の複勝的中率を10％上げるのが同じぐらいということだね。

亀谷　連敗率や期待値のことも考えるとやっぱり、オッズだけだと的中率10～20％に収束する人気ゾーンの馬を20～30％まで上げるパターンを探すっていうのが現実的な線なんですよね。20％ぐらいの的中率でも連敗のリスクは結構ありますから。

理想は平均人気的中率30％に対して、的中率50％ぐらいのファクターを見つけることですが、そんなのがバンバンあったら、あっという間に10億ぐらい稼げますよ（笑）。

永久馬券格言
18

1番人気→2番人気→3〜5番人気の3連単は的中率5%しかない

「究極の馬券術」と思ったら、実は「悪魔の馬券術」

藤代 これは僕が「究極の馬券術」を見つけたと勘違いして、ヤラれたときの話だよね。

亀谷 どんな馬券術でしったけ？

藤代 「3連単着順固定作戦」といって、絶対に堅いと思える人気馬を1着、2着に固定して3着に3頭置くフォーメーション。当時、これが結構当たって、たった

3000円が5万、6万になっちゃうんだよ。ここに①10倍台より安い目は買わない、②絶対に万全を期さない（裏は買わない）、③先行馬しか選ばない、というマイルールを設けたら、簡単に50倍や80倍が当たったの。

亀谷　で、そのうち当たらなくなったんですよね？

藤代　そう。「究極の馬券術」と思ってたのが、実は「悪魔の馬券術」だった。そのときに亀ちゃんに「1番人気→2番人気→3〜5番人気の3連単は的中率5%しかない」って言われたんだよ。

亀谷　その買い目だけを買った場合、50連敗はザラですし、100連敗だってあります。しかも、そういったゾーンの回収率は全部60%を割っています。そういう目を無意識のうちに買っている人は多いってことなんですよ。

藤代　そうなんだよ。意識して見始めると、思っていたほど来てなかった。だから、今は買い目を作った後に、これに当てはまってたら削っちゃうの。5%しかないものをわざわざ買うことないと思って。これは今でも変わらないよね。

亀谷　変わらないです。

藤代　永遠の真理だよ。

亀谷　的中率を上げようとして人気サイドばかりを買うのは良くないんです。そもそも期待値が低いうえに、的中率が5％しかないわけですからね。

藤代　僕より競馬歴が長くて馬券がうまい人がいるんだけど、その人も同じこと言ってたよ。それを感覚的にわかっている人が勝てるんだろうな、と身にしみた。

永久馬券格言
19

人気を裏切る馬は何度でも裏切る

リストアップして、出てきたらカモる

亀谷 こういう馬が人気になっているレースはチャンスですよね。

藤代 何度人気を裏切っても、みんな「次こそは」って思うんだろうね。

亀谷 重賞以外は、前走1番人気の馬ってものすごく期待値が下がるんですよ。前走1番人気で今回同条件に出ている馬って、前走でコケてるわけじゃないですか？ そ

ういう馬はまたコケるから期待値が低い。

藤代　大負けじゃなくて、僅差の3着、4着とかでもダメなの？

亀谷　はい、期待値低いですよ。ディープインパクト産駒もそうなんですけど。「人気を裏切った回数が2回を超えたらずっと消し続けろ」ということにしてもいいですけどね。

藤代　面白いね。

亀谷　「勢いのないディープは消し」というのも、そういうことなんです。人気を裏切った後に人気が一気に落ちて巻き返すタイプの種牡馬もいますけど、ディープは巻き替えさないタイプが出やすい種牡馬なので。

藤代　そうか、前走好走していないディープ産駒は全部消せばいいんだね。

亀谷　ただし、個体を見て例外を探すなら、ハンディキャップホースのディープ産駒は人気薄で穴を出します。GⅠを勝つようなディープ産駒は勢いが重要なんですけど、GⅡ、GⅢを回ってるディープ産駒っているじゃないですか。クランモンタナとか、ダコールとか、ヒストリカルとか、ケイティープライドとか。ああいう馬はGⅠを勝ちきるほど極限の走りはしない代わりに、自分の持ち場は走る。で、ハンデ戦で好凡走を繰り返す。それだけディープにもタイプがあるんです。

藤代　なるほど、ディープの1番人気でも本当に危険な馬だけを絞り込むことができそうだね。

亀谷　何度も人気を裏切っている馬は1頭1頭メモしておくことが有効です。リストアップしておいて、その馬が出てきたらカモる。

藤代　そうすれば1番人気が飛びそうなレースだけに参加するというのが自然にできるわけだね。

永久馬券格言 20

逃げ切って勝った馬の昇級戦は危険

相手が強くなったら同じ時計では走れない

藤代　この間、サロンの人達が「前走逃げ切った昇級馬は信用できない」って書いているのを見たんだよ。クラスが上がるとペースが違うから信用できないって。そうしたら、本当に1番人気の逃げ馬が消えたの。僕は初めて聞いたんだけど、それは当たり前のことなの？

亀谷　そうです。逃げ切りというのはペースが楽なわけですから。
　もっと言えば前走のレースレベルも大事で、関東馬同士のレースで逃げ切った馬なんて最悪ですよ。前走の1～3着馬が関東馬で昇級戦とかだったら、かなり危ない。
　楽なペースで逃げ切ったら時計が出るというのも、勘違いされる理由ですね。いくら好時計で逃げ切ったとしても、相手が強くなったら逃げるペースが変わるので、同じ時計では走れないんですよ。
藤代　これ良い格言だね。みんなにとっては基本的なことなのかもしれないけど(笑)。
亀谷　相当期待値低いですよ。
藤代　それは2着馬との着差がどれだけあっても？

前走3コーナー先頭で1着だった馬の昇級戦成績

年	着別度数	勝率	連対率	複勝率	単回収	複回収
2020年	63- 61- 41-446/611	10.3%	20.3%	27.0%	62	66
2019年	58- 43- 47-418/566	10.2%	17.8%	26.1%	50	62
2018年	50- 50- 32-387/519	9.6%	19.3%	25.4%	68	69
2017年	35- 44- 34-358/471	7.4%	16.8%	24.0%	42	72

集計期間:2017年1月1日～2020年12月13日

亀谷　離せば離すほど危ないんじゃないですか。

藤代　えー？　逆かと思ってた。

亀谷　逃げ馬というのは有利な展開だとぶっちぎりますからね。

永久馬券格言 21

ダートは単純に上位血統を買っておけば勝てる

先行有利の馬場なら米国血統、差せる馬場ならサンデー系

亀谷　日本の競馬の場合、血統の傾向は芝よりもダートのほうが出やすいんです。芝は「ダート馬だけど仕方ないから芝を使う」っていう馬は少ないですけど、ダートは「芝馬だけど仕方なくダートを使う」馬が多いですから。だから、相対的にダートのスペシャリストの回収率が高くなるんです。強いのに人気がないですからね。

藤代　日本では馴染みのない血統も多いもんね。

亀谷　サウスヴィグラスだからって人気にならないですからね。ダートは強い血統が決まっていて、それを買っておけば勝てますよ。

藤代　え⁉

亀谷　ダートは単純に上位血統を買えば勝てます。なので馬場傾向を見るのが難しければ、強い血統だけ覚えておけばいいでしょう。サウスヴィグラス、ヘニーヒューズ、ゴールドアリュール、エンパイアメーカー、シニスターミニスターとか。

藤代　そんなに単純なのに人気にならないの？

亀谷　血統で人気になることなんて、ダートではそんなにないですよ。ポイントとしては、米国血統の馬は速いペースで押し切れる馬場が得意なので、そういう馬場のときはまとめて来ます。逆に差せる馬場ならサンデー系など芝馬のほうがいいですね。

藤代　米国のダート血統の代表がサウスヴィグラスだとしたら、サンデー系の代表はゴールドアリュールだよね。そんなに違うの？

亀谷　全然タイプが違いますよね。サウスヴィグラスのほうが純粋なダート馬です。

ゴールドアリュールは、ダート馬の中では芝馬寄りなんです。馬力があるからダート中距離をこなす、という感じです。日本のダート中距離って欧州血統も勝ち星が多いので。

藤代　芝適性が問われるダートになったときに来るというイメージだよね？

亀谷　重い芝適性が問われたときに走る感じです。

藤代　ただね、サウスヴィグラスを買うにしても、ゴールドアリュールを買うにしても、該当馬が多いときがある。その取捨選択が難しいの。

亀谷　全部買ったっていいじゃないですか？　単勝オッズに応じて50倍は100円、5倍は1000円って資金配分してもいいですよ。

藤代　そうか……。

亀谷　該当馬が複数いると買いづらいという人がよくいますけど、なんでかな？って思うんですよ。

例えば、1番人気の単勝が3倍、2番人気が6倍、3番人気が8倍というレースがあったとして、単勝3倍1点勝負だとよくて、6倍と8倍の馬を両方買うのは嫌ってことですか? 2頭買ったほうが儲かるじゃないですか。

藤代 そう言われればそうだね。

サンデー系の人気薄を見て判断する

藤代 差せる馬場はサンデー系って言ったけど、ダートは基本的に前有利だよね。

亀谷 はい。サンデー系の差し馬が走らないというのがダートでは当たり前の光景なので、人気薄のサンデー系が差しでバンバン走ってきたら、それは普段とは違う馬場だということです。特に雨が上がった後のダートは差しが決まりやすくなるので注意してください。

藤代 ダートが軽くなると前が止まらなくなるんじゃないの?

亀谷 逆ですね。軽くなると末脚が活きます。芝の場合は雨が降ると重くなって末脚が使えなくなりますけど、ダートの場合は乾いてパサパサなほうが末脚が使えません。なのでダートの良馬場は前が有利になりますよね。

藤代　湿っているほうが差しが決まりやすいんだね。

亀谷　芝寄りになりやすいんです。差しが決まると適性も全然変わって、芝血統が走れるようになります。

藤代　そこで穴があくわけだね。

亀谷　ダート競馬の適性はパワーが基本で、水分を含んだ馬場で末脚のスピードが要求されるのは異常ですから。

藤代　でも、雨を待ってたらなかなか馬券が買えないよね。

亀谷　良馬場の場合は、その逆をやればいいんですよ。差し有利のレースで負けた先行馬を狙えばいい。わかりやすく言えば、雨が降って差し馬が上位独占したら、パワーで粘るタイプの馬はコケるわけですから、そういう馬を次走普通の馬場に戻ったときに狙えばいいんです。

藤代　なるほどね。

亀谷　あとは、凍結防止剤が入っていると、木曜日とかに雨が降っても水分が残りやすいので、軽くなって差しが決まることが多くなります。

永久馬券格言 22

競馬の基本は人気馬が飛ぶ枠とは逆の枠を買うこと

専門紙の記者が印に反映できないから馬番の期待値は高い

亀谷　コースや馬場状態によって有利な枠、不利な枠がありますけど、人気馬が不利な枠に入れば飛ぶ可能性が高まります。そして、枠によって不利が発生するとしたら、その逆の枠が恵まれるわけです。有利になるものの逆が不利になる、そういう傾向じゃなければ傾向として合ってないので。

藤代　なるほどね。不利な枠に人気馬が入ったときに、その逆を買うわけか。
亀谷　例えば、中山ダ1800mは外枠有利のコースなので、人気馬が内枠に入ったレースで外枠の馬を狙っていきます。
藤代　それは簡単でいいね。
亀谷　あと、奇数馬番と偶数馬番の違いもありますね。
藤代　奇数馬番と偶数馬番ってどう違うの？
亀谷　奇数馬番のほうが先入れなので、偶数馬番より不利です。
藤代　気性の悪い馬だけしか関係ないのかと思った。
亀谷　芝もダートも偶数馬番のほうがいいんですけど、特にダートはゲートで出られるかどうかが大事なんです。芝であれば、ちょっと出遅れても大きな不利にはならないケースもありますけど。
藤代　偶数馬番が有利っていうのはわかったけど、それをどう使えばいいの？
亀谷　例えば内枠が不利なコースだった場合、内枠の時点で不利ですけど、奇数馬番だったら二重苦ってことですよ。

藤代　そうか。じゃあ、専門紙の記者は枠が発表される前に予想するわけだから、そこは反映できないね。

亀谷　馬番の期待値が高いというのはそういうことです。オッズは専門紙の印で9割方決まるわけじゃないですか。だから、専門紙の記者が使ってない要素で関連性の高いものだけ集めれば、基本的には勝てますよね。

藤代　それは納得だ。

永久馬券格言 23

血統によって枠適性がある

苦手な枠で負けた馬の巻き返しに注意！

亀谷　1章で「内枠が苦手な馬」について少し触れましたが、競走馬には内枠巧者・外枠巧者がいるので、枠適性に注意しなければなりません。

内枠巧者は内枠で走った後に外枠を引いたら危ないし、外枠巧者が外枠で走った後に内枠を引いたら危ない。逆に、内枠巧者が外枠で負けた後に内枠に戻れば買いです。

藤代　それが血統である程度つかめるってことだね？

亀谷　はい。特に注意しなければならないのは、ダートの内枠が苦手な種牡馬です。例えば、ハービンジャーはダートの内枠の回収率がすごく悪いんです。ダートでは内枠の奇数馬番の人気馬はもともと期待値が低いんですけど、それが本当に苦手な種牡馬っていうのがいるんですよ。

藤代　へぇ。

亀谷　ダートの内枠が苦手な血統というのは、ダートそのものが苦手な血統とは違うわけです。ダートそのものが苦手な血統は内を引こうが外を引こうが走らないですけど、内枠が苦手な血統は外枠に戻れば巻き返せるんです。

藤代　馬券的においしいってことだね。

亀谷　これを覚えておくと何がいいかというと、1～5番で負けた馬が、次走で外枠を引いたら相当パフォーマンスを上げるということもわかるんです。内枠を引いて凡走して今回外を引いた人気薄を狙いたいですね。

藤代　ところで、ハービンジャーはなんで内枠が苦手なの？

亀谷　不器用なんです。本質的にダート馬じゃないので、飛び出していけず、砂を被りやすいんです。もともと1、3、5番というのはダートでは死に目でもありますし。
藤代　競輪のヨーロッパみたいなもんだね。
亀谷　競輪のヨーロッパが何のことだかわからないですけど(笑)。
藤代　4番、6番、8番に入るといらないって言われてるの。
亀谷　何でですか？
藤代　詳しくは知らないけど、脈のない選手が入るらしい。
亀谷　じゃあ、それとは違います。競馬の1、3、5番は強い馬が入っても消えるので。構造上不利なんです。

永久馬券格言
24

総流しは人気馬が力を出しづらいレースで

総流しは、全レースでやったら負ける

藤代　これは総流しがアリかナシかって話になったときだよね。

亀谷　藤代さんが馬連1点勝負しているって聞いて、それなら3連単でその2頭を1、2着に固定して3着総流しをしたらいいって言ったんですよね。

藤代　そうそう。紛れのあるコースでやれば総流しがハマるって言ってた。

亀谷　そうですね。総流しは、全レースでやったら負けます。ただし、条件を選べば効果的です。

藤代　総流しが有効なレースってなんだったっけ？

亀谷　例えば、ローカルの芝ですね。要するに中央の広いコースでは、総流しはあまり効果がないということです。

藤代　広いコースだと人気馬ばっかり来ちゃうからね。

亀谷　そうです。ローカルは中央にはないコース形態でペースも違うので、今までとは違う能力を発揮する馬が走るんです。ただし、ローカルでも新潟の外回りは除いてください。

藤代　内回りなら良いの？

亀谷　内回りなら効果があります。それと新潟で一番効果的なのは直線1000mです。直線の長さが他のコースの倍ありますし、他にどこにもないコースなので問われる適性が全然違いますからね。

藤代　直線1000mは荒れるもんね。総流ししないと当たる気がしない。その前に、

1、2着を当てられないんだけど(笑)。

亀谷　ダートなら1700mが良いです。これも1700mという距離が中央にはないということで紛れやすくなっています。

総流しの意味とは?

亀谷　「3連単3着総流し」は人気薄が3着内に2頭入らないと意味がないんです。だから人気薄を軸にして、2、3番人気に1着か2着になってもらって、断然人気が飛んでくれるという形を待つことになります。大万馬券というのは断然人気が飛ぶときに出ますから。

藤代　軸は人気馬じゃないほうがいいんだね。

亀谷　人気馬が3着内に2頭入りやすいレースの場合、「3連単3着総流し」よりも馬連のほうが儲かるんです。総流しだと理論も何もない組み合わせを買わされる回数が馬連より増えますからね。

藤代　確かに馬連を買ってたほうが儲かってたというケースは何度もあった。

亀谷　総流しをするということは、「理論的に間違っている買い目も全部買わされる」ということです。人気薄には走る根拠がほとんどない馬が多数含まれますから。つまり、闇雲に総流しをするのは、根拠のない人気薄をたくさん買うことにつながるんです。

藤代　ただし、人気薄が3着内に2頭入りやすいレースであれば、総流しのほうが良いんだよね？

亀谷　そういうことです。人気馬が力を出しづらいコースであれば、人気薄を闇雲に買っても期待値が上がるんです。

藤代　人気薄が2頭来なくちゃいけないというのはわかったけど、人気薄2頭を両方とも狙って当てるというのは難しいよね。

亀谷　だから、人気薄が走りやすいコースで、自信のある人気薄が1頭いるときに上位人気を相手にした上で総流しをする。あとは荒れてくれるのを待つ、というのがこの戦略のキモです。3着は半分運任せなんで、当てる数を増やして爆発を待つという感じですね。

永久馬券格言 25

予想上手の馬券下手なんていない

亀谷競馬サロン❶

馬券がハズれたときは予想が下手だっただけ

亀谷　「予想上手の馬券下手」って、予想は上手いけど、買い方が下手ってことですよね。ボクには、この「買い方が下手」という意味がわからないんです。

藤代　予想と買い方は切り離せないということだね。

亀谷　馬券を買うために予想してるんですよ？　どういう券種を買うかを考えずに予

想をするのはおかしいですよね。
　例えば、ボクは複勝で勝てる理論を追求しています。ただ、複勝で勝つことはすごく難しいんです。でも、複勝で勝てるくらいの予想理論が構築できれば、理論上、3連複やワイドではもっと勝てるんです。

藤代　複勝を追求して、もっとおいしい券種で買うんだね。

亀谷　複勝が10倍以上つくなら複勝でいいんですよ。ただ、複勝が2、3倍しかつかないときは、相手を絞る必要があります。相手も複勝の予想理論で絞るので、複勝で期待値の高い馬を選ぶ技術がある人間は、当然ワイドや3連複の期待値は、より上がるはずです。

藤代　予想に合わせて買い方を考えるんじゃなく、自分の買い方に合わせた予想にすればいいのかぁ。

亀谷　複勝向きの予想理論で単勝や馬連を買うのはおかしくて、単勝なら単勝向きの、馬連なら馬連向きの馬探しをしなければなりません。

藤代　買い方のフォームを固めちゃえばいいんだよね。そうすれば「買い方が下手だから負けた」という言い訳はできなくなるもんね。僕を含めて、買い方が間違っているのか予想理論が間違っているのか、わかってない人も多いと思う。

亀谷　はい。買い方のフォームが決まれば、馬券がハズれたときは予想が下手だっただけなんです。

永久馬券格言 26

手広く買うのは3連複、絞って買うのは3連単

3連単は理論が完璧にはまったときのため

藤代　3連複がいいのか3連単がいいのか迷ってる人も多いと思うから、参考になる格言だよね。

亀谷　3連単は仮にプラスになる理論で買い続けていたとしても、確率が収束するスパンが長くなるので、資金と信念が必要です。10連敗や100万ぐらい資金が減るの

は当たり前。

例えば、3連単は予想理論どおりに勝ち馬を当てても、2、3着がダメなら外れてしまいますしね。ボクの理論の場合、一時的に数十万ぐらいは減っても何とも思わない人が3連単向き。少額で楽しむなら、3連複のほうがお奨めですよと言ってます。

藤代　資金がそれほどない人は3連単は買わないほうがいい？

亀谷　3連複をメインにして、3連単は理論が完璧にはまったときだけ当たるように少点数で買えばいいんです。例えば、本命を1着に固定して相手3頭に流す。そうすると6点で済むじゃないですか。たとえ当たるのが半年に1回でも、本線の馬券は買っておかないといけません。

3連単は中途半端な点数では儲からない！

藤代　最近、3連単1頭軸の相手3頭マルチ（18点）を買ってるんだけどダメかな？

亀谷　マルチを常にやるのは不利です。基本はフォーメーションですね。例えば、本命を1列目に置いて、2列目3頭、3列目総流し。本命を2列目に置いて、1列目3頭、3列目総流し。16頭立てなら42点ずつで計84点です。馬連3点の代用になりますけど、ボクは人気馬が飛ぶレースを選んでいるので、同じ印の馬連3点買いより毎年成績が良いんですよ。

藤代　20点とか30点とかが一番中途半端なんだ?

亀谷　3列目を総流しくらいの勢いで流すか、2、3点に絞るかのどっちかがいいですよ。

藤代　2頭軸マルチの相手7頭とかで買ってる人も多いよね?

亀谷　先ほども言いましたが、レースを選ばずマルチはどうかと思います。しかも、相手7頭だと抜ける可能性も高い。たぶん相手も上から8番人気くらいまでに流すんでしょうから、リターンも中途半端ですよね。

やっぱり3連単は思いっきり絞るか、思いっきり手を広げるかのどちらかのほうが効率がいいと思うんですよね。

永久馬券格言

27

復習は予想より大事

主流からズレたレースで負けた馬を狙う

亀谷　競馬というのは馬場や展開で有力馬が軒並み力を出せない「構造のレース」がありますす。そういうレースは荒れますし、さらに、その次のレースが荒れる要因にもなります。

藤代　傾向が偏ったレースで力を発揮できなった馬を、次走で狙えば儲かるってことだよね。

亀谷　はい。競馬は強い馬が必ず勝つわけじゃなく、「強いけど、得意じゃないレースパターンで負ける」という光景が延々と繰り返されるゲームです。「なぜ着順が悪かったのか？」「どうすれば敗因を克服できるのか？」この2つの「復習」が正しければ、期待値が上がる。それが競馬の構造です。

藤代　どういうところを見ればいいの？

亀谷　「オーバーペースでバテた馬」とか「内枠で砂を被って戦意喪失した馬」は本来の能力以上に負けることが多いので、「血統」を組み合わせて巻き返すタイミングを狙うのが効果的です。もし、自分でやるのが大変なら、スマート出馬表の「双馬メモ」「TB（トラックバイアス）」の欄を見てください。
「双馬メモ」では「枠不利」「ローテ不利」「展開不利」「馬場不利」など、その馬がそのレースでどのような不利があったのかがわかるようになっていて、「TB」では、そのレースの「内・外」の有利、「前・差」の有利がわかるようになっています。

藤代　それは便利だよね。

レースレベルとレース質も大事

亀谷　復習では「不利の復習」だけじゃなくて、「レースレベル」や「レース質」の復習も大事です。そのレースのレベルはどの程度だったのか？　日・米・欧のうちどのタイプが恵まれるレースだったか？ですね。

藤代　レースレベルってどうやって見るの？

亀谷　ボクの場合はランク指数で自動計算したりしますけど、出走馬の血統レベルでもわかりますよ。リーディング上位の血統やノーザンファームが上位を占めるレースはハイレベル。そうじゃないレースは低レベル。それくらい簡単な見分け方でも効果はあると思いますよ。

藤代　ハイレベルレースに出走していた馬を狙えばいいの？

亀谷　いえ、ボクはどちらかというと「低レベルレース」で着順が良い馬を利用します。「特に恵まれて走った馬」を消すためですね。予想はやっぱり、危険な人気馬を探すところから始めるべきですから。

永久

馬券格言

第3章

永久馬券格言 28

延長得意と短縮苦手はセット

延長が得意な馬は、短縮で凡走した後に狙う

亀谷　競走馬というのはだいたい距離短縮のほうが走りやすいんですけど、なかには距離短縮が苦手で距離延長のほうが良い馬もいるんです。

藤代　それほど多くないんだよね？

亀谷　はい。延長が得意ということは、テンが前走よりゆっくりになったほうが良いってことです。逆に短縮で突然ペースが上がると戸惑います。

ここで大事なのは、延長が得意なのと短縮が苦手というのはセットで、ローテーションによる能力の上げ下げが出てくるということです。例えば、前走短縮で凡走して、今回同距離で出てきたらパフォーマンスを上げるんですよ。

藤代　得意の延長じゃなくてもいいってことだね。

亀谷　はい。最高なのは短縮失敗後の延長ですけど、短縮失敗後の同距離でも狙えます。

短縮で本来のパフォーマンスを出してないっていうのがミソですね。前走は力を発揮できず凡走したから次走で人気が落ちる。でも「前走は苦手な臨戦過程だから力を出せなかった」と分析できれば、本来の能力が高いことはわかるわけです。そして、次走で本来の能力を出せる臨戦過程だったら、結果的に前走から大幅にパフォーマンスを上げるし、人気にもなりにくい。

藤代　理に適っているよね。

亀谷　「短縮だから買おう」って予想家は増えてますけど、「前走で短縮失敗して力を出せてないから買おう」って概念で馬券を買う人はまだまだ少数派なので、今は短縮失敗後のほうが馬券的にはおいしいですね。

藤代　いいねそれ。

亀谷　10年近く前から言ってますけど、まだまだ狙えますよ。

藤代　どの血統が延長が得意なの？

亀谷　ディープインパクト、ハーツクライ、エピファネイアなど、クラシックで結果を出す種牡馬は、延長が得意な産駒を出しやすいですよ。クラシックは初の距離延長が多いんですから。

藤代　なるほど。

亀谷　また、延長が得意でダートもこなす血統は、ダート替わりで穴をあけることも多々あります。前走よりも追走ペースが遅くなるわけですから。キンシャサノキセキは延長もダート替わりも得意ですけど、逆に、前走よりもペースが速くなると取りこぼしますからね。こういう種牡馬を覚えておくと便利です。

大幅延長で注目すべき血統

亀谷　芝の2200m以上で300m以上の距離延長に強い馬も、知っておくだけですごく有利なんですよ。特に3歳戦で。

藤代　例えば、前走1800mを使っていて、今回の距離が2200mならいいってことだね。2000mじゃなくて、2200mっていうのが鍵なの？

亀谷　そうなんです。なぜかというと、3歳になると2歳戦では組まれていなかった2200m以上のレースが始まるからです。つまり、2200mの未勝利戦だと必然的に300m以上の距離延長になる馬が多いので、血統で決まりやすくなるんです。そ

大幅延長が得意な種牡馬
（300m以上の距離延長で芝2200m以上に出走）

- ディープインパクト
- ハーツクライ
- ルーラーシップ
- ワークフォース
- エピファネイア
- ゴールドシップ
- ドリームジャーニー

うなれば距離延長を得意とするハーツクライやエピファネイアが穴をあけるというわけです。こういう構造は変わるものではありませんから、3歳未勝利の2200m以上というのは面白いと思いますよ。

マツリダゴッホの非根幹距離への距離延長

亀谷　距離延長の中でも、1400mへの距離延長って特殊なんですよ。延長適性に非根幹距離適性が絡んできて、1600mへの距離延長と1400mの距離延長って得意な馬が変わってくると思うんです。

藤代　具体的に言うと？

亀谷　マツリダゴッホ産駒は「非根幹距離への距離延長」に強いです。主に1200mから1400mというシチュエーションですね。根幹距離のほうがレベルが高くなりやすいので、能力の相対的なバランスで通用するという状況が1400mで一番そろいやすいんですよ。

また、マッツリダゴッホ産駒は気性が激しい馬が多いので、意味不明な一変をしますよね。後方を走って大凡走していた馬が突然前に行って好走したり。2014年のファンタジーSを14番人気で勝ったクールホタルビがそのパターンに該当しています。このときは内枠でしたけど、内枠のほうが壁を作りやすいですからね。マッツリダゴッホ自身も内枠を得意としていましたよね。

藤代　有馬記念を勝ったときも内枠だったね。

亀谷　マッツリダゴッホの母父はボールドルーラー系ですけど、ボールドルーラーの血を持つ馬はインぴったりを速く走る能力が高いんです。アメリカの競馬は小回りを速く走れなければならないので。

藤代　なるほど。

亀谷　こういう構造的に裏付けがあって、正しい人気薄というのは絶対に買い続けると儲かるんですよ。

藤代　それは説得力あるね。

永久馬券格言

29

馬場読みは短距離と中距離を分けて考える

全部一緒にすると傾向を見逃してしまう

亀谷　馬場を読むときは、短距離と中距離を分けて考えるのがコツです。

藤代　でも、いつも何メートルで分ければいいか迷うんだよ。

亀谷　1500m以下、1600m以上でいいですよ。でも、中山だったら1600m以下かな。ダートなんて1200mと1800mは全然違いますから。

例えば、短距離は外有利で、中距離は内有利という馬場がよくあって、全部一緒にしちゃうと傾向を見逃してしまうことになります。それと、新潟の場合は、内回りと外回りを意識したほうがいいですね。

藤代　外回りで来たからと言って、内回りで来るとは限らないんだ?

亀谷　そういうことです。特に芝2000mは内回りと外回りがあるので気をつけてください。

藤代　芝1200mと芝1400mは内回りだよね。

亀谷　内回りはよく観察したほうがいいですね。例えば新潟芝1400mは基本的に内枠の先行馬が有利なんですが、突然外枠の距離短縮馬が有利になることがあります。そのときは大穴が出るので注意してください。ただ、これは旬が短いので、常に外を買うタイミングをチェックして、半分決め打ちするぐらいで狙わないといけません。

藤代　大穴狙いなら内回りってことだね。

亀谷　そもそも内回りというのは構造的にも穴が出やすくなっているんですよ。直線が短いと前半のペースが速くなりやすいので上がりがかかりますよね。長い直線で上がりが速いのが日本競馬の主流ですから、短い直線で上がりがかかると逆の適性が求められて、非主流の馬が突然走り出します。

藤代　こういう理屈があると楽しいね。

亀谷　短距離・中距離問わず同じ系統が走ったりするときは、路盤自体がよっぽど向いているので全ての距離で狙えばいいです。

永久馬券格言 30

ダート替わりは「大きくて走らない血統」と「小さくても走る血統」に注意

亀谷競馬サロン❶

小さくても走る血統はダート替わりの期待値が高い

亀谷　芝からダート替わりの馬を買うときには、馬体重のチェックが不可欠です。やっぱりダートですから、重い馬のほうが成績が良くなります。

藤代　重いっていうのは何キロぐらいから？

亀谷　目安としては490キロ以上ですかね。牝馬の場合は460キロ以上は欲しいです。あとは、ダートの名血を持っているかどうかもチェックしてください。フォーティナイナー、デピュティミニスター、エーピーインディなどですね。

藤代　オッケー、馬体重とダートの名血だね。

亀谷　でも、最近はどちらかというと、小さくても走る血統を覚えておいたほうがいいかもしれません。例えば、母父サウスヴィグラスは体重が軽くても、期待値は高いんです。小さい馬の平均値と比べるとすごく良い。馬体重が軽くてもこれだけ走れるんですから、そもそもダート替わりの期待値がすごく高いということです。

藤代　なるほどね。

亀谷　あと、馬体重が重くてもダート替わりで走らない血統もあります。デインヒルの血を持つ馬とかが典型ですね。馬体が大きいし、スピードがないので間違えてダートを使われるんですけど、これが全然走らないんですよね。欧州血統なのでダートを走る要素は薄いんです。また、日本型も全般的に良くないですね。

　今後、ダート替わりは「大きくて走らない血統」と「小さくても走る血統」に注意しましょう。

馬体重が軽くてもダート替わりで走れる血統
(芝からダート替わり。前走馬体重450キロ以下)

父小系統	着別度数	勝率	連対率	複勝率	単回収	複回収
ヴァイスリージェント系	3-5-3-47/58	5.2%	13.8%	19.0%	47	124
ストームバード系	4-9-12-125/150	2.7%	8.7%	16.7%	36	90

種牡馬	着別度数	勝率	連対率	複勝率	単回収	複回収
クロフネ	3-4-3-35/45	6.7%	15.6%	22.2%	61	107
タートルボウル	2-2-2-21/27	7.4%	14.8%	22.2%	370	126
ロードカナロア	6-5-7-75/93	6.5%	11.8%	19.4%	116	97
ダンカーク	1-3-2-25/31	3.2%	12.9%	19.4%	87	189
ヨハネスブルグ	3-3-4-51/61	4.9%	9.8%	16.4%	66	124

集計期間:2018年1月1日～2020年12月13日

馬体重が重くてもダート替わりが苦手な血統
(芝からダート替わり。前走馬体重480キロ以上)

父国	着別度数	勝率	連対率	複勝率	単回収	複回収
日本型	88-67-68-1083/1306	6.7%	11.9%	17.1%	96	62
欧州型	76-64-54-885/1079	7.0%	13.0%	18.0%	128	76
米国型	52-40-42-433/567	9.2%	16.2%	23.6%	136	104

種牡馬	着別度数	勝率	連対率	複勝率	単回収	複回収
ノヴェリスト	2-3-3-33/41	4.9%	12.2%	19.5%	34	48
エピファネイア	1-3-0-20/24	4.2%	16.7%	16.7%	29	44
キングズベスト	0-3-0-26/29	0%	10.3%	10.3%	0	43
ワークフォース	3-1-0-45/49	6.1%	8.2%	8.2%	34	16
エイシンフラッシュ	2-1-0-58/61	3.3%	4.9%	4.9%	50	16
マツリダゴッホ	0-1-0-22/23	0%	4.3%	4.3%	0	22

集計期間:2018年1月1日～2020年12月13日

永久馬券格言

31

新馬戦が得意な血統と未勝利戦が得意な血統が存在する

新馬戦に強い血統は2種類ある

亀谷　新馬戦に強い血統というのがあって、「ブラッドバイアス血統馬券プロジェクト」ではそういう馬に「血マーク」をつけて公開しているんですけど、すごく優秀な成績なんです。

藤代　具体的にどういう血統？

亀谷　タイプが2つあります。ひとつは父米国型ですね。ヨハネスブルグ、ヘニーヒューズとか。全体的に米国型のほうが仕上がりが早くて、ゲートも出るし、気性も前向きなので有利なんです。芝の新馬戦ってダート血統でも走るので。

もうひとつはスローペースの競馬に強い血統です。ハービンジャー、ネオユニヴァース、マンハッタンカフェ、ノヴェリストなどです。

藤代　新馬戦は血統で買うのがかなり有効ということだね。

亀谷　未勝利戦もですよ。新馬戦に強い血統を知っていると、次走でも有利になるんですよ。新馬に強い血統は未勝利戦では上積みがないし、新馬戦に弱い血統は未勝利戦では上積みがある。だから、前者を消して後者を狙えばいいんです。実際に新馬戦を好走した父米国型の馬は、次走の未勝利戦で1番人気になると成績悪いですよ。

藤代　新馬戦と未勝利戦では流れが違うってこと？

亀谷　はい。馬は一度レースを経験すると前向きになるので、未勝利戦は新馬戦よりもペースアップ適性の高い血統が走ります。逆にペースアップ適性の低い馬は危険です。新馬で走った馬はペースアップ適性の低い馬も多いですから。

新馬戦が得意な血統と未勝利戦が得意な血統が存在する

藤代　以前、サウスヴィグラスは新馬戦に向かないと言ってたよね？

亀谷　良くないですね。でも、ペースアップ適性が高いし、使って上昇していくので未勝利戦の期待値が高いんです。新馬戦で後ろのほうを走っていた馬が、突然前に行ったりする。そこがサウスヴィグラスの回収率が高い理由ですよね。

逆に、パイロというのは使い減りするので最初から走らない馬は未勝利でも上昇しません。ダートの未勝利戦では、パイロとサウスヴィグラスは同じくらいの人気になるわけですけど、成績はサウスヴィグラスのほうが断然良い。「サウスヴィグラスは未勝利戦に強い。パイロは未勝利戦に弱い」。これ、結構大事ですよ。

藤代　覚えておこう。

亀谷　あと、最近頻繁にあるんですけど、小さいディープ産駒が新馬戦で走った後に未勝利戦でよく飛ぶんですよ。これは今後も使えそうですね。

テンのリズムで発揮する能力が変わる

亀谷　テンのリズムを崩すとたいていの馬は本来の能力を発揮できないんですよ。実際に、15年以上前、安藤勝己元騎手も「ゲートの出し方で馬が発揮する能力が大きく変わる。あえてリズムを変えるときもある」って取材でよく言ってたんですよ。

藤代　へぇ。

亀谷　馬が前走までの記憶で走る典型例は未勝利戦ですよね。新馬戦と未勝利戦って未勝利戦のほうが必ずテンのタイムが速いじゃないですか。これって、初出走ではゲートから飛び出さないからです。初出走でゲートから出る経験をすることで、2戦目からは反応が良くなるわけです。

藤代　新馬戦と未勝利戦は、馬にとって全くの別物なんだね。

亀谷　また、反応も血統によって変わります。血統は気性の遺伝も大きいですから。血統で距離適性が出るのって、気性の遺伝も大きいんですよ。

藤代　この話の面白いところはさ、競馬の仕組みがわかったような気がするところだよ。競馬の楽しみはもちろん馬券を当てることなんだけど、たとえ馬券が外れても競馬の仕組みがわかったような気になれば面白い（笑）。

亀谷　ゲートの出し方とテンのリズムで発揮できる馬の能力が大きく変わる。これは、ボクが20年以上前に出させてもらった単行本『チェンジオブペース』（白夜書房刊）のテーマで、「前走まで出していった馬が位置取りを下げると激変するよ」という理論でした。その後に今井さんが出した「短縮ショッカー」も、テンのリズムですよね。前走で前に行っていた短縮馬は強制的に位置取りが下がるから。

藤代　20年以上前からそんなことを言ってたんだ。すごいね。

ダートではさらに新馬血統が重要

亀谷　2章に「ダートは単純に上位血統だけを買っておけば勝てる」という格言がありましたが、ダートの新馬戦と未勝利戦も成績上位の種牡馬を覚えておくだけで儲かります。

藤代　ダートではスペシャリストが人気になりづらいって言ってたもんね。

亀谷　新馬戦の人気は新聞の印で作られますけど、それも調教の動きと、新馬戦では通用しない一般的な血統論をもとにしていますからね。

むしろ、調教タイムと有名血統というのが、新馬戦では典型的なカモです。逆に知る人ぞ知る血統と、調教タイムが出ていないのに走る馬を知っておくのが新馬戦のコツなんですよ。

藤代　血統派ならではの楽しみがあるね。

亀谷　ダートでヘニーヒューズの成績が良いのは逃げるからなんです。逃げたら新馬って圧倒的に有利なんですけど、逃げるのって調教じゃわからないんです。でも、逃げる率って血統でだいたいわかるので、新馬戦向きの血統を買うのがいい。

新馬戦に強い血統の例

芝	ダート
ディープインパクト	ゴールドアリュール
エピファネイア	ヘニーヒューズ
	ダート1400m以上
	エーピーインディ系

未勝利戦に強い（新馬戦苦手）血統の例

芝	ダート
キングカメハメハ	サウスヴィグラス
ロードカナロア	カジノドライヴ
	エスケンデレヤ

永久馬券格言
32

初出走馬は社台F&ノーザンFの生産馬だけ買う

特に芝で威力を発揮

藤代　これは習慣になってるよ。3歳春の未勝利戦で初出走馬がいたら、生産者を見る。春まで勝ちきれずにいる未勝利馬の中に、素質のある初出走馬がいれば頭で来ちゃうから破壊力があるよね。

亀谷　これは遅咲きの馬を春まで待てるかどうかという育成方針と関わっているんで

す。社台ファームやノーザンファームはそういう育成をしていますし、それぞれの育成場があるので、生産者を見れば育成場もほぼ特定できますからね。

藤代　社台ファームとノーザンファームがデビューをそこまで遅らせたということは、待っただけの価値がある馬ってことだもんね。軸にするかはともかく、ヒモの1頭に絶対入れるようにしているよ。

亀谷　2015〜2020年の成績を見ても、3〜4月の3歳未勝利戦で初出走だった馬の複勝率は8％なんですけど、社台ファームとノーザンファームの生産馬だけに限定すると複勝率は17％あります。

3〜4月　3歳未勝利の初出走馬の成績

社台ファーム生産馬

馬場	着別度数	勝率	連対率	複勝率	単回収	複回収
全体	12-7-5-134/158	7.6%	12.0%	15.2%	130	70
芝	11-3-4-80/98	11.2%	14.3%	18.4%	207	97
ダート	1-4-1-54/60	1.7%	8.3%	10.0%	5	25

ノーザンファーム生産馬

馬場	着別度数	勝率	連対率	複勝率	単回収	複回収
全体	12-8-2-85/107	11.2%	18.7%	20.6%	101	78
芝	8-6-1-56/71	11.3%	19.7%	21.1%	114	90
ダート	4-2-1-29/36	11.1%	16.7%	19.4%	74	56

集計期間:2015年1月1日〜2020年12月13日

藤代　芝のほうが良いんだよね？

亀谷　はい。芝のほうが圧倒的に良いです。芝限定なら社台ファーム生産馬は単勝回収率207％、複勝回収率97％。ノーザンファーム生産馬は単勝回収率114％、複勝回収率90％でした。ダートの回収率は低いので、芝だけのほうがいいでしょう。

藤代　まだまだ使えそうだね。

永久馬券格言

33

ダート1200mの特別戦は荒れるようにできている

ノーザンファームが目指していない条件は荒れやすい

亀谷　日本の競馬において、ノーザンファームが最強の牧場であることは間違いありませんが、ノーザンファームにも苦手な条件があります。それがダート1200mの特別戦です。

ノーザンファームの馬は、芝で走るように生産され育成されています。ダートは芝とは適性が違うので、芝に比べると当然成績は下がります。それでもレベルの低い下級条件では能力の違いで勝ち上がるんですけど、本質的には芝血統なので、上級条件で走る馬は少ないですし、回収率も低くなります。

藤代　印が付いていてもあまり信用しちゃいけないってことだね。

亀谷　ノーザンファームはそこを目指して生産していないですから。だって、中央のダート1200mって重賞がカペラSしかないんですよ。生産者からしてみれば、いまの競馬ではダート1200mを目指すより、芝2000mを目指すほうが圧倒的に有利じゃないですか。

藤代　芝2000mは重賞が多いもんね。

亀谷　だからこそ、馬券的にはノーザンファームが目指していないダート1200mが面白いんです。

藤代　そうか！　荒れやすいということだね。

亀谷　ダート1200mは特別戦で見ても年間40レース程度しかありません。

藤代　40レースしかないってことは2~3日に一回ってことだよね。

永久 馬券格言 33

ダート1200mの特別戦は荒れるようにできている

亀谷　特別が少なくて、重賞はひとつしかない。これじゃ目指そうにも目指せないですよね。みんなダート1200mで勝つことを目指していないから、ダート1200mの特別戦は人気馬の期待値が低く、荒れる傾向にあります。

藤代　特別戦じゃなきゃダメなの？

亀谷　はい。平場だと人気馬が強いんですけど、格が上がると能力差がなくなって適性の度合いが強くなるんです。それに特別戦になると出走権の問題もあるんです。出たくないのに出たりとか、出たいのに出られないとか。準オープンだと特にそうですね。

藤代　へぇ〜。ダート1200mの特別は色々な理由で紛れがあるってことだね。

永久馬券格言 34

欧州のスタミナ血統は芝1200mで穴を出す

芝1200mで注目すべき血統

亀谷　芝1200m戦は芝中距離戦とは方向性が全然違うので、血統のポイントを知っておくと有利になります。

具体的に言うと「父も母父も非日本型（特に父か母父がダンチヒかロベルト系）」です。

藤代　父も母父もサンデー系じゃないってこと？

亀谷　芝1200mで強い馬を作るのと芝中距離で強い馬を作るのは、血統も育て方も違うからです。なので、芝1200m戦は、日本では非主流の血統を狙っていくべきなんです。

藤代　その代表例がダンチヒとロベルトということなんだね。

亀谷　そうです。

なぜスタミナ血統が穴をあけるのか？

亀谷　芝1200mというのはゴール前200mの失速度合いが芝中距離より大きく、バテてから頑張るという能力が要求されやすいんです。

30年くらい前からデータ馬券みたいな方法はあったわけですけど、当時から「リアルシャダイは短距離の回収率が高い」って言われていたんですよ。リアルシャダイはロベルト系で、長距離向きの欧州スタミナ血統なのにです。

藤代　当時の人達は「なんでだろう?」と思っただろうね。

亀谷　スタミナ血統は道中が速くなって消耗戦になると突っ込んでくる。そして、短距離のほうがそういうレースが多いとわかれば簡単なんですけどね。

藤代　今でもわかってない人のほうが多数派じゃないの?

亀谷　そうかもしれません。

藤代　これは軽い馬場でも大丈夫なの?

亀谷　さすがに前が止まらない馬場では無理ですけど、差せる馬場であれば。安定して走るタイプではないので、人気薄のほうがいいです。欧州型ミスプロのキングズベストとかも芝1200mでは人気薄のほうが期待値が上がります。

藤代　もちろん、そういうバイアスが出たときがいいんだよね?

亀谷　欧州型の人気薄が走ったら、その開催はまとめて走ったりします。スマート出馬表の国別の傾向を見ていればわかると思いますよ。

芝1200m 人気薄で期待値の高い欧州型種牡馬
（人気ランクD～E限定）

種牡馬	着別度数	勝率	連対率	複勝率	単回収	複回収
キングズベスト	3-5-13-162/183	1.6%	4.4%	11.5%	53	89
スクリーンヒーロー	5-7-5-103/120	4.2%	10.0%	14.2%	80	115
ジャングルポケット	4-5-7-72/88	4.5%	10.2%	18.2%	86	179
メイショウサムソン	2-5-1-66/74	2.7%	9.5%	10.8%	208	87
モンテロッソ	3-2-4-62/71	4.2%	7.0%	12.7%	312	122
ローズキングダム	0-4-5-58/67	0%	6.0%	13.4%	0	160
ローレルゲレイロ	2-2-2-49/55	3.6%	7.3%	10.9%	215	94
ファルブラヴ	1-3-2-38/44	2.3%	9.1%	13.6%	103	91
ストーミングホーム	1-0-4-33/38	2.6%	2.6%	13.2%	87	156
バゴ	1-1-1-24/27	3.7%	7.4%	11.1%	334	117

集計期間:2018年1月1日～2020年12月13日

永久馬券格言

35

福島芝はニジンスキーの血を持つ馬がよく走る

福島では主流とは違う適性が要求される

亀谷　これは今でも使えますよ。2020年春の福島もショウナンカンプ、タイキシャトル、メイショウボーラーの産駒など、ニジンスキーの血を持つ馬が穴を出しまくっていました。10番人気以下で好走した馬の7割以上はニジンスキーの血を持っていたんですよ。実際「亀谷競馬サロン」のメンバーは今年もニジンスキー持ちを狙ってバンバン穴馬券を当ててましたよ。

藤代 へぇー、すごいね。

——2013年の取材時には、福島でファンタスティックライト産駒が走りまくっていて、「母父にニジンスキーを持つと馬力型になって軽快さに欠ける。だから中央場所ではほとんど来ないんですが、福島ではそういう種牡馬のほうが向いている」とおっしゃっていました。

亀谷 福島はサンデーサイレンスの血を持たない馬や、リーディング上位じゃない種牡馬の産駒のほうがいいんです。例えば、福島牝馬Sで15番人気3着だったランドネは、サンデーの血を持っていないですよね。そして、父のBlameはニジンスキーの血を持っています。こういう馬が走るんです。普段は主流の血を持っていないことが不利で能力を発揮できないけど、福島では主流とは違う適性が要求されるので突然走れるんです。

藤代 なるほど。でも、どうしてこんなに顕著なの？

亀谷 リーディング上位種牡馬の産駒というのは中央コースを中心に使われるわけで

すけど、そこで勝てない馬が泣く泣くローカルに出てくるんですよ。そうすると、リーディング上位種牡馬の2軍 VS リーディング上位じゃない種牡馬の1軍という構図になる。それらが主流じゃない適性が要求される福島で戦ったら、後者のほうが強いということです。

藤代　その鍵になるがニジンスキーなんだね。

亀谷　ニジンスキーというのは今の日本では父系としてマイナーになってしまいました。でも、今の日本の主流コースには合わないだけで、決して能力が低いわけじゃない。

藤代　ニジンスキーを持つというのは母母父とかでもいいの?

亀谷　はい。父がリーディング上位じゃなくてニジンスキーを持っているという馬が一番いいですね。リーディング上位にはニジンスキーの血を持っている馬は少ないので、「リーディング上位ではない」「ニジンスキーの血を持っている」だけでもかなり絞られます。

藤代　当時よりも該当馬が少なくなっているから、より狙いやすいかもね。

亀谷　この馬券格言が掲載された後の七夕賞は、ニジンスキーの血を持つトレイルブレイザー（7番人気）とタガノエルシコ（14番人気）が2、3着に好走して、3連単31万馬券を的中させました。

福島芝で強い馬を大手牧場、馬主が目指さないのはずっと変わらないから、福島で強いニジンスキーの血を持った血統はいつまでもマイナーのまま。ですから、穴の構造はずっと変わらないんですよ。

2013年7月7日 福島11R
七夕賞 芝2000m良

着	馬名	父	ニジンスキーの有無	位置取り	人気
1	2 ④ マイネルラクリマ	チーフベアハート		3-3-3-1	1
2	5 ⑩ トレイルブレイザー	ゼンノロブロイ	母母父ニジンスキー	6-6-7-2	7
3	1 ② タガノエルシコ	マヤノトップガン	母父ダンスインザダーク	9-9-9-12	14
4	1 ① マックスドリーム	アドマイヤマックス		13-13-12-6	5
5	3 ⑤ ダコール	ディープインパクト		14-14-13-12	2

単勝400円　複勝190円 640円 1,010円　枠連2,120円
馬連4,960円　ワイド1,960円 2,980円 15,270円
馬単8,370円　三連複76,040円　三連単310,070円

永久馬券格言 36

アポインテッドデイは福島では究極の種牡馬

第二、第三のアポインテッドデイはいくらでも出る

――福島競馬場の格言が続きますが、これは2013年当時、「福島芝に10回出走して、3着以内が9回」と説明されていました。

藤代 これはすごく覚えてる。でも、もう該当馬がいないから使えないでしょ?

亀谷 これはアポインテッドデイが大事なわけじゃないんですよ。福島がいかに特殊

かということを言いたいだけで、第二、第三のアポインテッドデイはいくらでも出るということです。つまり「福島芝はリーディング上位ではない馬が走りやすい」というのと、「アポインテッドデイは究極の種牡馬」というのは同義で、今も変わらない。

藤代　あぁ、そういうことなのか。

亀谷　先ほど触れた福島牝馬Sのランドネだって、ロベルト系でアポインテッドデイと同じ系統じゃないですか。母が米国型なのも同じ。小回りに強い欧州血統は福島に向いてますからね。逆に、タフな血統でも小回りが下手なハービンジャーには合いません。

藤代　えぇ⁉ ハービンジャーは小回りの2000mが一番良いんじゃなかったの？

亀谷　それは危険な覚え方ですね。確かに、小回りの芝2000mというのは、昔からキングジョージとかイギリスの2400mに強い血統が走るときがあるんですが、それはハイペースで全部バテて外差しになったときに外をぶん回しても届いたからですよ。ハービンジャーはそういう馬場になれば来るんですけど、今の福島はそうじゃない馬場も多いですからね。

藤代　そうなのかぁ。

亀谷　だって、キングジョージって大きなコースでスタミナが問われるんですけど、キングジョージ血統が小回り2000mに強いって変じゃないですか。

藤代　なるほどねぇ。

永久馬券格言

37

新潟・福島では関西馬が圧倒的に強い

関西の調教師は福島と新潟を標的にしている

亀谷　これはまだまだ使えますね。関西馬は毎年、関東馬に比べて好走率も回収率も高くなっています。福島だろうが新潟だろうがです。

関西馬が福島と新潟を標的にしているというのは事実です。だから、福島でニジンスキーを狙う場合も、関西馬に絞れば成績はさらにアップします。

藤代　こんな簡単な馬券術を何年も前に聞いていたのに、なんで実践してなかったんだろう？　ずっと儲かってなければおかしいよね。

亀谷　今からでも始めてください（笑）。

藤代　今度は忘れないようにする。

亀谷　この馬券術は福島でも新潟でもいいんですけど、当時「新潟は関西馬が強い」って言ったのは理由があって、主流血統の馬を抱えるリーディング上位調教師がわざわざ遠征するんだったら福島じゃなくて新潟だったからです。福島だと適性が合わず力を発揮できないですからね。これは調教師の思惑と東西のレベル差というふたつの理由によって成り立つ格言なんですけど、これは今も使えるし、より顕著です。

新潟・福島での関東馬・関西馬の成績

所属	着別度数	勝率	連対率	複勝率	単回収	複回収
関東馬	942-972-1022-12769/15705	6.0%	12.2%	18.7%	67	70
関西馬	576-541-491-4756/6364	9.1%	17.6%	25.3%	91	87

集計期間:2018年1月1日～2020年12月13日

新潟芝1000mは前走ダート組が穴をあける

――当時の取材では「新潟芝1000mは前走ダート組。特にサンデー系以外がいい」という格言も残していました。

亀谷　これも使えます。テンの脚が速い関西馬が特に狙い目です。2020年5月10日の邁進特別でファストアズエバーという馬が2着に好走しましたが、これも前走ダートの関西馬です。テンの脚も速いし、サンデーの血も持っていませんでした。

藤代　関西馬の1～3着独占だね。

亀谷　ファストアズエバーは推定人気10番人気だったのに、大外枠だったので4番人気になっちゃいましたけどね。実際「亀谷競馬サロン」のメンバーの皆さんも狙ってましたよ。

スマート出馬表の「結果払戻」画面
2020年5月10日 新潟10R

新潟 10R 邁進特別
10日 14:40 芝1000 曇 良

着順↑	馬番	馬名 / タイム↑	着差↑	人気	異種 経	異種 実	ロ	テン1F 過去	テン1F 前走	テン P	テン T	上がり P	上がり T	CR	シェア ダ	シェア 14
1	8	ボーンスキルフル 0:56.1		2			短	116①	119③	15	344⑦		353⑤	4	3	8
2	16	ファストアズエバー 0:56.1	クビ	4	○		短	117②	123⑦	15	336①		363	3	5	8
3	7	ファンタジステラ 0:56.2	1/2	6			短	119⑨	122⑤	30	343⑤		357	1	2	5
4	12	ホウオウスクラム 0:56.5	1 3/4	9		○	短	120⑪	130⑭	50	351		346②	6	7	3
5	6	サイドストリート 0:56.8	2	10	○	○	短	117②	121④	15	343⑤	15	369	29	5	7
6	14	マリノディアナ 0:56.9	クビ	8		○	短	119⑨	127⑫		356	50	353⑤		8	8
7	9	スノードーナツ 0:57.1	1 1/2	16			短	118⑥	137⑯		342④		349④	29	8	6
8	5	タフチョイス 0:57.3	1	5	○	○	短	121⑬	126⑪	30	344⑦		369		8	8
9	15	ファビュラスギフト 0:57.3	クビ	11	○	○	短	120⑪	124⑧	30	347		354⑦		3	3
10	13	サンライズカナロア 0:57.3	頭	3		○	短	118⑥	122⑤	15	345		359	2	2	4
11	10	フジマサアクトレス 0:57.4	1/2	7			短	124⑯	136⑮		338②	30	346②	8	2	2
12	2	サウンドドゥイット 0:57.5	1/2	15			短	121⑬	125⑨	50	348		345①	29	1	2
13	1	アルミューテン 0:57.6	クビ	12	○		短	118⑥	118①	15	344⑦		356⑧	29	3	3
14	4	アーヒラ 0:57.7	3/4	14			短	121⑬	127⑫		348		359	3	5	8
15	3	アルモニカ 0:57.9	1 1/4	13	○		短	117②	118①	15	344⑦		358	2	2	4
16	11	リンシャンカイホウ 0:57.9	クビ	1			短	117②	125⑨	15	340③		368	4	1	6

単勝510円　複勝210円 340円 320円　枠連1,420円
馬連2,960円　ワイド1,110円 1,130円 2,180円
馬単5,350円　三連複10,430円　三連単37,900円

前走ダートのファストアズエバーはテンP15で、テンTがメンバー中1位だった。

永久
馬券格言
38

函館芝では第二のクロフネを探せ

函館は中央4場とも札幌とも全然違う

亀谷　函館芝は血統的に面白い傾向があります。
藤代　どんな傾向？
亀谷　中央場所で走るような主流血統が人気で飛びやすいんです。
藤代　荒れやすいってことだよね？

亀谷　ご存じない方もいると思うので一応言っておきますが、函館と札幌って同じ洋芝ですけど、コースレイアウトも路盤も全然違います。札幌は3コーナーから直線に向けてスピードが乗りますが、函館はスピードが乗りづらい。つまり、函館はディープのような直線でのスピードに優れた馬が走りづらいということなんですよ。

藤代　ディープが弱いとわかっているだけでもかなり有利だよね。

亀谷　函館と札幌の違いで言うと、ディープが一番わかりやすいです。勝率と連対率が倍くらい違いますからね。

――かつての取材では「函館芝はクロフネ産駒が良い」とおっしゃっていました。

亀谷　この理論を今後使うのに、クロフネである必要はないんですよ。小回りダートをこなせて、かつ芝でもGI馬を出せるような種牡馬が走りやすいということを言いたいわけで、その象徴がクロフネだったということです。

藤代　クロフネ産駒は少なくなったから、ここも第二のクロフネを探せばいいんだよね。

亀谷　2019~2020年に最も勝ち鞍が多かったのはロードカナロアでした。

ロードカナロアというのはハーツクライやディープに比べればダート1200mの適性が圧倒的に高いので函館芝に合います。

また、母父ランキングは、クロフネの父であるフレンチデピュティが2位。クロフネが4位。どちらも単勝合成オッズはプラス回収率でした

藤代　瞬発力勝負で好走して人気になっている馬を軽視して、ダート1200mで走れそうな血統の馬を狙う。函館芝はこういうことだね。

血統別索引

――全38個の格言を見ていきました。藤代さんが一番印象に残っている格言はどれですか？

藤代　僕は「1番人気→2番人気→3〜5番人気の3連単は的中率5％しかない」という格言。当時そんな買い方をしてたんだけど、それを聞いてやめた覚えがある。つまり、あまりにも馬券が当たらないと心が折れそうになって人気馬が勝つんじゃないかと錯覚するわけで。でも、5％しかないのかよ！って思って買わなくなったんだよ。

――レース選びの格言もタメになりましたね。

藤代　やっぱり「人気馬が飛びそうなレースに参加する」が究極だよね。

亀谷　競馬は全レース参加したら絶対に負けます。でも、万馬券になるであろうレースを安定して選ぶことができれば勝てるわけです。そのためには、人気馬が飛ぶパターンを知らないとダメだよと。

時が経っても競馬の仕組みは変わらない

藤代　そして、人気馬の真逆の馬から買うと。ずっと昔に聞いた格言でも、まだまだ通用するんだよね。

亀谷　そうですね。やっぱりコース限定の格言みたいのは使えなくなっているものも出てきますけど、仕組み的に変わりようのない格言はずっと使えますね。

――藤代さんは「亀ちゃんは各論じゃなくて総論を話すからいい」とおっしゃっていましたけど、こうして年月が経っても使えるのは総論なんですね。

藤代　そうだね。亀ちゃんの話はやっぱり面白い。亀ちゃんと話すと毎回、来週から勝てそうな気がするもん。でも、俺はすぐに忘れちゃうから、実際に勝ったことはほとんどなかったと思うけど（笑）。

亀谷　覚えてても、そうそう当たるもんでもないですよ（笑）。

亀谷敬正（かめたに・たかまさ）

「血統ビーム」をはじめとする革新的な競馬ツールの企画・作成、TV番組や書籍の企画・出演、執筆活動は20年以上。常に斬新な発想や分析で、競馬ファン・関係者に衝撃と影響を与え続けている。現在は、ファンと毎週一緒に検討する「亀谷競馬サロン」も主宰。YouTubeでの動画配信も行っている。

血統ビーム オフィシャルサイト
https://k-beam.com

亀谷敬正 オフィシャル競馬サロン
https://www.keiba-salon.com

亀谷《かめたに》競馬《けいば》サロン 1

永久《えいきゅう》馬券《ばけん》格言《かくげん》

2021年1月29日初版第一刷発行
2021年3月11日初版第二刷発行

監修者	亀谷敬正
発行者	雨奥雅晴
装丁	oo-parts design
写真	橋本 健
発行所	オーパーツ・パブリッシング 〒220-0023 神奈川県横浜市西区平沼1-1-12 ダイアパレス高島町501 電話：045-513-5891 URL：http://oo-parts.jp
発売元	サンクチュアリ出版 〒113-0023 東京都文京区向丘2-14-9 電話：03-5834-2507 FAX：03-5834-2508
印刷・製本	中央精版印刷株式会社

 ISBN978-4-8014-9062-8